# forever young

## Das Glücks-Kochbuch

DR. MED. ULRICH STRUNZ

# forever young

## Das Glücks-Kochbuch

**REZEPTE VON MARTINA KITTLER**
**REZEPTFOTOS VON BARBARA LUTTERBECK**

# INHALT

## Vorwort

»forever young« steht auf dem Titel dieses Kochbuches: Für immer jung. Wer möchte das nicht sein? Ich weiß, dies ist ein großartiges Versprechen. Und doch steckt nur ein kleines Geheimnis dahinter, das ganz einfach klingt. Hören Sie auf die Signale Ihres Körpers, denn der verlangt nur zwei Dinge von Ihnen: Täglich ein bisschen mehr Bewegung und viel, viel Genuss. Das allerdings mit Intelligenz gewürzt. Wenn Sie ihm das gönnen, sind Sie binnen zwei Jahren ein völlig neuer Mensch – das verspreche ich Ihnen wirklich. Danach werden Sie agiler, fröhlicher, kreativer, fitter, glücklicher, gesünder und jünger sein. Zwei Jahre warten, denken Sie jetzt? Das dauert Ihnen viel zu lange? Ich kann Sie gut verstehen, denn auch ich bin ein ungeduldiger Mensch. Doch ich versichere Ihnen, erste Erfolgserlebnisse stellen sich sofort ein, nur der große Erfolg lässt sich zwei Jahre Zeit. Biologisch gesehen dauert es eben zwei Jahre, bis Sie Ihre sieben Häutungen – von Alt nach Jung – durchgemacht haben, bis aus jeder müden Körperzelle eine muntere wird. Doch in dieser Zeit fühlen Sie sich Tag für Tag spürbar jünger, zufriedener, gesünder, glücklicher. Warten Sie nicht zu lange. Auf sein Glück wartet man nicht. Starten Sie gleich mit den Forever-Young-Rezepten auf den folgenden Seiten. Ich wünsche Ihnen viel Spaß beim Ausprobieren und natürlich viel Erfolg.

*Ihr Dr.* U. Strunz

# Essen für mehr Leichtigkeit

*BETRACHTEN Sie das Essen einmal anders – sehen Sie es neu: Nicht als Ende des Hungers, als Sattmacher, als Schlusspunkt, sondern als Auftakt zu einem genussvollen Start, der Sie bereit macht für vitale, kreative und fröhliche Stunden danach.*

STELLEN Sie sich einen grazilen Japaner vor, der in einem gemütlichen bayerischen Wirtshaus Schweinshaxen isst und seinen Knödel Gabel für Gabel in fette braune Sauce tunkt. Der Japaner tut das, weil er neugierig ist, neugierig auf eine andere Küche. Was passiert danach? Mit seinem Hunger verschwindet auch sein Appetit auf den Rest des Tages. Er fühlt sich schwer, müde, fertig. Das kennt er sonst nicht. Normalerweise fühlt sich der Japaner nach dem Essen unglaublich leicht, mit Energie aufgeladen. Und das kennen Sie wahrscheinlich nicht. Doch um diese Leichtigkeit zu erreichen, ist Essen gedacht. Und darum möchte ich Ihnen mit diesem Kochbuch das Leichte nahe bringen. Ein Essen, das Appetit macht und ihn nicht hemmt. Ein Essen, das eine mikrofeine Spur Hunger hinterlässt und das danach nicht das Gefühl hervorruft: Ich bin pappsatt, schwer und möchte erst einmal schlafen. Sondern: Mit diesem Buch lernen Sie ein Essen kennen, das Ihnen etwas Lebensglück und Leichtigkeit bietet, und Sie auf wache, kreative Stunden vorbereitet. Ein Essen, das Sie abheben und die Stunden danach genießen lässt. Das nur als Vorbereitung für die Zeit danach dient – egal, ob Sie die Stunden schöpferisch am Schreibtisch oder fröhlich abends mit der Familie oder mit Freunden verbringen.

## Die Pforte zum Glück

ÄNDERN Sie das bisherige Bild, das Sie vom Essen haben. Die meisten Menschen fürchten sich vor *Cholesterin, Kalorien und Fettaugen.* Sie kennen die Negativ-Ernte nach einem üppigen Essen: Völlegefühl, Aufstoßen, das »Wo-ist-die-nächste-Couch-Gefühl«. Schalten Sie gedanklich um: Essen kann direkt auf Ihren Geist einwirken. Es kann Ihre Gedanken ins Helle, ins Fröhliche lenken und die Pforte zum Glück sein. Es schenkt Ihnen das Gefühl zu fliegen, zu leben, es beschert Ihnen Jugend. Es kann Ihre Stimmung völlig verändern: Plötzlich werden Sie extrovertiert, aufmerksam, euphorisch. Mit dem Essen können Sie innere Leichtigkeit, innere Dynamik erzeugen – ein wunderbares Hüpfgefühl.

Das glauben Sie nicht? Hier ist eine Kostprobe: Haben Sie schon mal in eine Chilischote gebissen und gespürt, wie Ihr Körper Sie mit Endorphinen überschwemmt, Ihrem hausgemachten Kokain? Oder haben Sie sich bildlich gesprochen schon mal vom Hafer stechen lassen, bis der Gaul mit Ihnen durchging? Oder: Genießen Sie zur Abwechslung einen leichten Fisch mit Zitrone, danach ein Himbeer-Sorbet, und Sie schwim-

## TIPP

VERWENDEN Sie in Ihrer Küche Früchte der Saison, Geflügel und Fleisch vom Bauern – frisch und von feinster Qualität. Stecken Sie Liebe in die Zubereitung und jede Menge Zeit in den Genuss. Dann ernten Sie all die Vitalität, die in *Lebens*mitteln steckt.

men in Glücksgefühlen. Fest steht: Naturnahes Essen wirkt direkt auf Ihren Geist, auf Ihre Seele. Es kann Wohlgefühl und Leichtigkeit auslösen. Richtiges Essen lässt Sie die Welt wieder wahrnehmen, wie Kinder sie erleben: sehend, wach, mit Freude. Optimales Essen weckt in Ihnen eine ursprüngliche Fröhlichkeit und Kindlichkeit, die Sie zu Lebe-Wesen machen. Denn Essen ist eine Droge, die stärkste, die der Mensch kennt. Das, was Sie dreimal täglich tun, beeinflusst die Klangfarbe der Gedanken, die Leistungskraft, Vitalität und Kreativität. Nur wird es leider nie so gesehen – im Gehirn regieren stattdessen Kalorien, Cholesterin …

## Die somatische Intelligenz

GESUND und leicht zu essen ist so einfach. Sie müssen nur lernen, wieder auf Ihren Körper zu hören, denn er ist klug. »Somatische Intelligenz« nennen Experten das Phänomen, das auftritt, nachdem Sie einen zarten Fisch mit Zitronensauce, eine Salatschüssel mit buntem Gemüse, Nüssen, Früchten und Olivenöl genossen haben. Ihr Körper sagt: *Danke. Das war's. Das hat mir gut getan. Das möchte ich wieder haben.*
Kinder haben diese somatische Intelligenz. Sie essen, solange sie Hunger haben, solange es ihnen schmeckt und vor allem das, was ihnen gut tut. Den dritten Spinatlöffel hat die Mama meistens im Gesicht. Erst etwa im Alter von vier Jahren erstickt die somatische Intelligenz, weil Kinder buntgezuckerte Schokokügelchen und Ähnliches kennen lernen.

Auch Läufer haben diese somatische Intelligenz. Wer täglich 30 Minuten seine Körperzellen mit Sauerstoff ölt, weckt die Lust auf Natur pur: Lebensmittel, die den Körper mit Energie auftanken. Beim Laufen wird Kilometer für Kilometer der Appetit auf fetten Braten und süße Torten erstickt. Also: Starten Sie täglich mit einem Nüchternlauf. Und füllen Sie Ihre leeren Tanks mit den gesunden Inhaltsstoffen, die unsere Rezepte ab Seite 30 Ihnen bieten. Sie werden sehen, es dauert nicht lange und die Weisheit, die in Ihrem Körper steckt, wacht auf und lässt Sie die Leichtigkeit des Genießens spüren.

# Streifen Sie das Alter ab

*IN ZWEI JAHREN ein völlig neuer Mensch werden – jung, frisch, vital und glücklich – das geht. Denn der Körper baut sich in zwei Jahren völlig neu auf. Wenn Sie ihm die guten, lebenswichtigen Vital- und Nährstoffe geben, werden Sie ein Wunder erleben. Darauf müssen Sie nicht einmal lange warten. Sie spüren Tag für Tag, wie Ihnen allmählich Flügel wachsen.*

WILLKOMMEN im Land der ewigen Jugend. *Jetzt übertreibt er aber!* – denken Sie? Nein, das tue ich nicht. Zunächst ein Gedanke vorweg: Ist es nicht seltsam? Trotz aller Fortschritte in der Wissenschaft, haben wir Menschen uns noch nicht aus der vitalen Abhängigkeit von Energie, Wasser und essentiellen Nährstoffen befreien können. Immer noch haben wir Hunger und Durst. Um zu Leben, müssen wir essen und trinken. Doch weil kein Mangel herrscht, schlagen Hunger und Durst um in Appetit. Wir haben Appetit auf Süßes, auf Deftiges, also ein Verlangen nach einem bestimmten Genuss, dies ist die Summe von Duft, Geschmack, Temperatur, Struktur, Mundgefühl und Farbe. Und das macht sich die Industrie zunutze. Sie trennt und mischt, raffiniert und setzt zu, entwickelt in ihren Fabriktöpfen Nahrungsmittel, die den immensen Appetit befriedigen, aber nicht den Menschen. Doch die Natur kann das viel besser. Wir leben im Schlaraffenland – nur dort hängen keine Tütensuppen mit einem Endlos-Etikett an E-Nummern an den Bäumen, dort gibt es weder Tiefkühlpizzen mit dem Vitalstoffgehalt eines Papiertaschentuchs, noch Joghurt, in dem künstliche Aromastoffe Erdbeeren vorgaukeln oder geschmacklose, aber nicht matschende Gentomaten. Nein, wir leben im Schlaraffenland mit tausenderlei Sorten an Äpfeln, exotischen Früchten vom anderen Ende der Welt, frischem, knackigem Gemüse in allen Farben, herrlichem französischem Käse, köstlichem spanischem Schinken, frischem Honig vom Imker, kaltgepresstem Olivenöl aus Kreta, der Insel der ewigen Jugend. Wir können es uns leisten, Eier von glücklichen Hühnern zu essen oder das Steak eines nicht mit Hormonen gemästeten Rindes. Willkommen also im Schlaraffenland, im Land der ewigen Jugend. Sie leben mittendrin. Sie haben es bisher nur nicht gesehen, weil Erziehung und Werbung Ihren Appetit in die falsche Richtung lenkten.

## Essen Sie sich jung ...

GLAUBEN Sie mir, das geht, auch wenn Sie über Jahre hinweg nährstoffarmen Müll in Ihren Körper gestopft haben. Ihr Körper ist herrlich gutmütig. Alle zwei Jahre baut sich der Mensch völlig neu auf, bis auf drei Prozent: das Gehirn. Kein einziges Molekül, kein Atom sitzt mehr auf seinem Platz, alles ist neu, alles ist frisch. Und: Sie können jederzeit neu anfangen. Werfen Sie den alten Müll aus dem Körper und schaffen Sie sich mit den richtigen Vitalstoffen ein neues Im-

---

### TIPP

VERZICHTEN Sie auf Fast Food. Ersetzen Sie Fertiggerichte durch das vielfältige Angebot der Natur. Verwöhnen Sie Ihre 70 Billionen Körperzellen mit reichlich Vitalstoffen. Investieren Sie täglich 10 Minuten in Obst und Gemüse schnippeln. Und spüren Sie, wie Ihr Körper binnen kurzer Zeit leise Danke! sagt.

munsystem, kräftige Muskeln, gesundes Blut, agile Glückshormone, Botenstoffe im Gehirn, die das Denken ölen, kräftige Gelenke, bessere Reflexe, geschmeidigere Beweglichkeit und vieles mehr. Wenn Sie mit diesem Kochbuch starten, sind Sie in spätestens zwei Jahren ein völlig neuer Mensch.

## Es ist so einfach

WAS brauchen Sie für den Neuanfang? Eiweiß. Denn Sie bestehen aus Eiweiß. Ihr ganzer Körper – Muskeln und Hormone, Haut und Immunzellen – ist aus Eiweißbausteinen, den Aminosäuren, aufgebaut. Sie brauchen auch Fett. Sie brauchen allerdings nur wenig – dafür das richtige Fett, das »Vitamin F« der Jugend: essentielle Fettsäuren. Sie sind auch auf die richtigen Kohlenhydrate angewiesen – nicht auf die künstlichen aus der Fabrik, sondern auf die Zuckerbausteinchen, welche die Natur für Sie bereit hält. Und nicht zuletzt verlangt Ihr Körper Vitalstoffe. Also Vitamine, Spurenelemente, Mineralien und sekundäre Pflanzenstoffe, die allesamt dafür sorgen, dass schnell wieder Vitalität, Gesundheit, Jugend in Ihrem Körper einkehren. Das alles steckt in Obst, Gemüse, Geflügel und Fleisch, Getreide und Samen, in Pflanzenölen und Bienenhonig, in Eiern und Milchprodukten. Ich versichere Ihnen: Langweilig wird es Ihrem Gaumen ohne Ketchup und Fast Food nicht. Die Natur hält mehr als 7000 Aromen für Sie bereit, Aromen, von denen Sie nicht nur träumen können. Entdecken Sie diese Vielfalt neu – mit den Rezepten ab Seite 30.

**INFO**

ENTSCHLACKEN Sie ab und zu. Umweltgifte wie PCB (polychlorierte Biphenyle), Blei, Lindan, Quecksilber, Dioxin und Benzol speichert der Mensch im Fettgewebe. Mit jeder Mahlzeit nehmen Sie eine winzige Dosis dieser Gifte auf. Nur bleiben diese nicht etwa ruhig im Fettgewebe liegen. Immer wieder überschwemmen kleine Dosen davon Ihren Körper, machen Sie chronisch müde, provozieren bei Veranlagung Alzheimer, Parkinson und Krebs. Durch Entschlacken werden Sie diese Gifte wieder los. Wenn Sie fasten, strömt das Gift aus den Zellen, kann durch Niere und Leber ausgeschieden werden. Sie können wahlweise 14 Tage fasten, am besten mit Eiweiß und Obst, ab und zu einen Obst- oder Eiweißtag einlegen oder einfach mal das Frühstück ausfallen lassen. Diese verlängerte Nüchternphase ermöglicht den Ausstrom der Gifte aus den Zellen.

# Tanken Sie Vitalität pur

BEISSEN Sie ins pure Leben. Essen Sie zu 50 Prozent Obst und Gemüse, Getreide, ab und zu auch Fisch oder Fleisch in ihrer natürlichen, ursprünglichen Form, nämlich roh. Wenn Sie einen Apfel in den Boden graben, wächst daraus ein Baum. Das bedeutet Leben. Wenn Sie eine Bohne in ein Wasserglas legen, keimt sie. Das ist Leben. Mit Chips, Schokoriegeln oder Schweinebraten funktioniert das nicht. Alle Produkte, die die Fließbänder der Industrie oder den Kochtopf gesehen haben, haben ihr Leben ausgehaucht. Sie müssen kein Rohköstler werden so wie der bekannteste Pflanzenesser Stephen Arlin, US-TV-Star und Buchautor. Er ist nicht spindeldürr, bleich und hohlwangig, sondern ein hübsches vor Kraft strotzendes Muskelpaket, das sich vor den Frauen kaum retten kann. Als er auf Rohkost umstellte, verlor er 51 Pfund Fett und baute 30 Pfund gesunde solide Muskelmasse auf. Auf die Frage, ob man mit Rohkost stärker werden kann, sagte er in einem Magazin: »Warum stellen wir diese Frage nicht einem Gorilla. Er ist 40 Mal stärker als ein Durchschnittsmann. Und was isst der Gorilla? 100 Prozent rohe Pflanzennahrung. Die größten und stärksten Säugetiere auf der Erde sind hundertprozentige Pflanzenfresser: Der Gorilla, der Elefant, das Nilpferd, die Giraffe, das Nashorn, das Pferd, der Bulle ...«.
Verstehen Sie mich nicht falsch. Sie sollen kein ganzer Rohköstler werden, denn das mögen Ihre Gene auch nicht. Vegetarier sind vor zwei Millionen Jahren ausgestorben. Werden Sie wenigstens ein halber Rohköstler. Und wissen Sie warum? Weil Sie dann aufwachen und ungeahnte Energien entwickeln.

## Gewinnen Sie mehr Lebensenergie

SIE brauchen Energie, mehr Energie als sonst. Sie wollen mehr Power und das möglichst sofort, denn es geht um einen wichtigen Termin, eine Entscheidung. Auch in Ihrem Leben gibt es Formel-1-Rennen – die Sie gewinnen wollen. Dafür brauchen Sie mehr PS! Fragen Sie die Erfolgreichen, sie kennen das Geheimnis der Instant-Energy, der Energiereserven, die sofort, mobilisierbar sind. Sie könnten auch sofort 30 Prozent mehr Lebensenergie haben. Wie? Mit der richtigen Ernährung natürlich.
Essen macht müde und raubt Energie. Warum macht Essen Sie müde? Ganz einfach: Essen ist etwas Körperfremdes und wird im Darm bekämpft – von Ihrem

## TIPP

ESSEN Sie sich wach: Alles, was Sie mit 100 Grad Hitze im Kochtopf abtöten, verliert an Vitalität. Enzyme gehen kaputt, Vitamine und Mineralstoffe verschwinden, Eiweiß verliert an Kraft. Gesunde Lebensmittel sind frisch und reich an Biostoffen. Dazu gehören Obst und Gemüse, auch Fleisch und Fisch in roher Form (Carpaccio, Tatar, Sushi). Nur sie liefern vitale Energie pur.

Immunsystem, von den weißen Blutkörperchen. Die setzen Botenstoffe frei, welche ins Gehirn gelangen und müde machen. Das heißt in der Fachsprache Verdauungs-Leukozytose. Essen ist zwar der einzige Energielieferant, macht aber müde. Das scheint irgendwie widersinnig, finden Sie nicht?

Ihr Körper ist jedenfalls lernwillig. Im Laufe der Zeit gewöhnt er sich an fremde Stoffe. Vor vier Millionen Jahren hat sich der Mensch an das, was er aß, gewöhnt. Und er wurde plötzlich nicht mehr müde. Er aß und wurde wach. Das ist normal. Dieser herrlich frische Zustand nach dem Essen bestand, bis einer den Kochtopf erfand und mit ihm eine neue Kost: das Gekochte, das Gebratene. Immunologisch gesehen war das neu für den Körper. Und seither kämpft der Körper gegen Müdigkeit nach dem Essen. Das wird sich ändern, nur es dauert eben ein paar 100 000 Jahre, bis sich der Körper umgewöhnt hat. Die gute Nachricht daran: Diese Müdigkeit, diesen Energieverlust können Sie sofort abstellen, wenn Sie wieder essen, wie Sie es vor 10 000 Jahren getan hätten, nämlich das, was Ihnen die Natur serviert hat – Unbehandeltes.

Das ist das Geheimnis der Menschen, die länger als andere mit höchster Konzentration am Limit extreme Leistung bringen können, die mit souveräner Leichtigkeit siegen.

Übersetzt heißt das: Obst essen, einfach nur Obst. Obst steht für naturbelassene Kost, die der Körper als angenehm empfindet. Legen Sie ab und zu einen Obsttag ein. Oder starten Sie den Tag mit Obst. Dann haben Sie ab sofort 30 Prozent mehr Lebensenergie, sofortige Frische und Instant-Power.

**INFO**

FOREVER-YOUNG-Medizin ist Obst und Gemüse, am besten frisch und vom Markt oder Biobauern. Essen Sie täglich mindestens fünf Portionen – das senkt das Krebsrisiko um 65 Prozent. Starten Sie in den Tag mit einer großen Schüssel Obstsalat und beenden Sie ihn mit einer riesigen Portion Salat. Wechseln Sie pro Portion die Farben der Früchte, und beim Gemüse zwischen dem, was unter, auf und über der Erde wächst. Das garantiert Vitamine und Mineralien satt, alle 30 000 sekundären Pflanzenstoffe, die Herzinfarkt und Krebs vorbeugen und jede Zelle jung halten. Was aus dem Treibhaus kommt, ist arm an Vitalstoffen wie Küchenkrepp – essen Sie deshalb Gemüse der Saison. Zeit, Licht und Wärme killen die gesunden Inhaltsstoffe. Wer nicht frisch auf dem Gemüsemarkt einkaufen kann, greift in die Tiefkühltruhe. Im Eis haben Vitalstoffe noch die beste Überlebenschance.

DIE GESUNDEN Früchte lieber waschen als schälen. Denn die meisten sekundären Pflanzenstoffe sitzen direkt unter der Schale. Natürlich sollten Sie Gemüse nicht nur roh essen, manche sekundäre Pflanzenstoffe entfalten ihre Wirkung erst, wenn sie erhitzt worden sind, z. B. das Lycopin in der Tomate.

13

# Ein Plus für Ihr Vitalstoff-Konto

WOLLTE ein Mallorquiner auf dem Gemüsemarkt in Llucmajor Tomaten verkaufen, wie wir sie hier im Supermarkt als Tomaten angedreht bekommen, dann könnte er bald seine Standgebühr nicht mehr zahlen. Auf Mallorca schmeckt eine Tomate so, wie sie uns einst schon beim ersten Bissen begeistert hat. Wir zahlen hier fünf Mark für ein Kilo »schnittfestes Wasser«, destilliertes Wasser, denn Vitalstoffe sind auch kaum mehr drin. Monokultur und Düngung laugen die Böden aus und sind für den Vitalstoffmangel verantwortlich, lange Transportwege zerstören den verbleibenden Rest an gesunden Inhaltsstoffen. Auch das Treibhaus hat seinen Namen zu Recht, weil man dort Vitalstoffe und Aroma vertreibt.

Sie wollen künftig in den Genuss aller bioaktiven Substanzen kommen – und dass die Tomate wie eine Tomate schmeckt? Dann machen Sie es wie die Starköche: Setzen Sie auf Qualität, auf Gemüse und Obst, das gerade in der Region Saison hat. Achten Sie auch auf die Farbe. Je kräftiger die Farben, desto mehr Biostoffe sind enthalten. Wechseln Sie in den Sorten und zwischen den Ampelfarben Rot, Grün, Gelb – das garantiert eine Vielzahl der Pflanzenwirkstoffe (siehe Tabelle rechts). Behandeln Sie die Sensibelchen mit Glacéhandschuhen. Sie reagieren mit Vitalstoffverlust auf Kleinschneiden, langes Wässern, Liegenlassen, starkes Erhitzen. Kochen vertreibt z. B. über die Hälfte des Vitamin C, Dünsten 40 Prozent.

Während Konservendosen in der Regel das Vitalstoffkonto belasten, liefert die Tiefkühltruhe Vitamin-Bestseller. Gemüse oder auch Obst wird direkt nach der Ernte, oft sogar noch auf dem Feld, eingefroren. Der Frost konserviert die wertvollen Vitamine. Gute Aktien für die Gesundheit und ewige Jugend: täglich 50 Prozent Rohkost. Natürlich sollten Sie das Gemüse nicht nur roh essen. Manche sekundäre Pflanzenstoffe entfalten ihre Wirkung, wenn sie erhitzt werden. Dazu gehört das Lycopin in der Tomate. Am besten garen Sie Gemüse kurz, in möglichst wenig Flüssigkeit. Nun müssen Sie nur noch in Vollkorn investieren – bei der Wahl von Mehl, Brot, Reis oder Nudeln. Denn mit der Getreideschale verschwinden Vitamine und Mineralien. Auch für Obst und Gemüse gilt: Bitte mit Schale. Denn unmittelbar darunter liegt der Vitalstoffschatz. Das gilt besonders für die meisten sekundären Pflanzenstoffe. Gründlich waschen und abreiben reicht aus.

## TIPP

SCHONENDE Garmethoden sind: Dämpfen mit wenig Wasser im Schnellkochtopf, in Alufolie, im Bratschlauch oder Pfannenrühren. Dabei wird Gemüse kurz im Wok oder einer tiefen Pfanne unter Rühren bissfest gegart. In wenig Wasser dünsten und die Flüssigkeit zur Sauce verarbeiten – sonst verschwinden Mineralien im Ausguss. Pochieren: Flüssigkeit aufkochen und Fisch darin gar ziehen lassen.

# Bioaktive Substanzen und ihre Wirkung

| Biostoff | Enthalten in | Wirkung |
|---|---|---|
| Ballaststoffe | Getreide, Obst und Gemüse, Hülsenfrüchten und Samen. | Senken den Cholesterinspiegel, halten lange satt, binden krebserregende Substanzen im Darm und transportieren sie nach draußen. |
| Carotinoide | Farbstoffen in orangerotem sowie grünem Obst und Gemüse wie Möhren, Aprikosen, Kürbis, Tomaten, Grünkohl, Brokkoli, Spinat. | Schützen jede Zelle vor freien Radikalen. Helfen dem Herz, fördern das Immunsystem, beugen Krebs vor. |
| Glucosinolate | Geschmackstoffen in Senf, Meerrettich, Brokkoli, Kresse, Kohlrabi und anderen Kohlarten. | Killen Bakterien, beugen Infektionen vor und senken das Krebsrisiko. |
| Phyto-Östrogene | Pflanzlichen Hormonen in Sojabohnen, Getreide, Kohlgemüse, Leinsamen. | Senken das Risiko, an hormonabhängigen Krebsarten wie Brust-, Gebärmutterschleimhaut und Prostata-Krebs zu erkranken. |
| Phyto-Sterine | Samen wie Sonnenblumenkernen, Leinsamen, Weizenkleie, Nüssen, Sesam und in kaltgepresstem Pflanzenöl. | Senken den Cholesterinspiegel, putzen die Blutgefäße durch und beugen Krebs vor, z. B. Dickdarmkrebs. |
| Polyphenole | Tee, Wein, Beeren, Gemüse, Obst und Getreide. Darunter fallen auch Bioflavonoide in Kohl, Tomaten, Möhren, Aprikosen, Zitrusfrüchten. | Fangen freie Radikale ab, schützen vor Krebs und Herzinfarkt. Flavonoide neutralisieren schlechtes Cholesterin, beugen Arterienverkalkung vor, hemmen Entzündungen und verstärken die Wirkung von Vitamin C um das 30fache. |
| Protease-Inhibitoren | Enzymen in Hülsenfrüchten, Kartoffeln und Getreide. | Unterstützen den Darm, hemmen die Krebsentstehung. |
| Saponine | Bitterstoffen der Hülsenfrüchte, Kräuter, Spinat, Knoblauch. | Senken den Cholesterinspiegel, stärken die Abwehrkräfte, aktivieren Entgiftungsenzyme, verhindern Zellwucherungen. |
| Sulfide | Schwefelhaltigen Wirkstoffen in Knoblauch, Zwiebeln, Lauch. | Stärken die Abwehr, indem sie den stärksten körpereigenen Entgifter unterstützen, das Glutathionsystem. |
| Terpene | Aromastoffen in Kräutern, Zitrusfrüchten, Gewürzen, Sellerie. | Beugen Krebs vor, indem sie krebserregende Substanzen wie Nitrosamine entwaffnen. |
| Omega-3-Fettsäuren | Essentiellen Fettsäuren in Seefisch, Avocado, Lein-, Raps-, Soja-, Weizenkeim-, Walnuss- oder Hanföl. | Sorgen dafür, dass der Körper mehr gute Eicosanoide bildet. Putzen die Blutgefäße, halten das Blut dünn, senken das Herzinfarkt-Risiko und halten die Haut jung, geschmeidig und gesund. Neue Studien zeigen: Omega-3-Fettsäuren heben auch die Stimmung. |
| Vitamine | Man unterscheidet zwischen den fettlöslichen Vitaminen A,D,E, K und den wasserlöslichen Vitaminen C sowie den B-Vitaminen. Reich an Vitaminen sind Samen, Getreide, Nüsse, Hefe, Obst und Gemüse, Eier, Fisch, mageres Fleisch und Pflanzenöle. | Vitamine sorgen für einen reibungslosen Stoffwechsel: Sie schützen jede Körperzelle, sorgen für funktionierende Nerven und Muskeln, scharfe Gedanken, gesundes Blut, schöne Haut, gute Laune, Energie, Gesundheit und Vitalität. Und sie schützen uns vor Zivilisationskrankheiten wie Herzinfarkt und Krebs. |
| Mineralstoffe & Spurenelemente | Reich an Mineralien sind Getreide, Nüsse, Samen, Obst, Gemüse, Milchprodukte, Geflügel, Fisch, mageres Fleisch – je naturbelassener das Lebensmittel, desto reichlicher sind sie vertreten. | Mineralien dienen als Baustoffe, z. B. für Knochen und Zähne. Sie regulieren den Wasserhaushalt im Körper, sorgen für funktionierende Nerven und Muskeln, sind verantwortlich für die Blut- und Hormonbildung und für die Energiegewinnung in den Zellen. Sie arbeiten für das Gehirn, für die Entgiftung, für das Immunsystem, für den Sauerstofftransport. |

## Zum Glück gibt's Aminosäuren

DIESE zehn Aminosäuren sind die wichtigsten Bausteine des Lebens – sie machen Sie glücklich, halten Sie schlank und jung, fördern Ihre Kreativität und Höchstleistung.

➤ LEUCIN: Wesentlich für muskuläre und körperliche Ausdauer – auch nachts am Schreibtisch. Hüttenkäse, Joghurt oder Geflügel am besten gleich nach dem Muskeltraining essen. Dann wächst Ihr Forever-Young-Organ.

➤ ISOLEUCIN: Ein Maß für Muskel- und Geisteskraft. Isoleucin ist eine der gehirnaktiven Aminosäuren, aus der das Gehirn Neurotransmitter (Botenstoffe) bildet. Isoleucin erhöht die mentale Belastbarkeit und Denkgeschwindigkeit. Isoleucin steckt z. B. in Soja, Ei und Meeresfrüchten.

➤ VALIN: Wichtig für den Aufbau eines aktiven Immunsystems. Ohne Valin macht die Abwehr schlapp. Gute Lieferanten sind Geflügel, Fisch, Fleisch, Milchprodukte und auch Hülsenfrüchte.

➤ LYSIN: Hält die Jugend fest, weil sie das Wachstumshormon stimuliert, den physiologischen Jungbrunnen. Als Teil des Carnitins, des Stoffes, der Fett in die Zelle einschleust, ermöglicht Lysin überhaupt erst die Fettverbrennung und stimuliert die Abwehr gegen Viren. Viel Lysin steckt in Hülsenfrüchten und tierischem Eiweiß.

➤ PHENYLALANIN: Ausgangssubstanz für Glückshormone wie Noradrenalin, Endorphine und das Kreativitätshormon ACTH (adrenocorticotropes Hormon). Phenylalanin ist wesentlich für die Stimmung des Menschen. Es steckt in Fisch, Fleisch, Geflügel, Sojaprodukten, magerem Käse, Gemüserohkost, Vollkornprodukten, Eiern und Milch.

➤ HISTIDIN: Unser biologischer Rückenwind. Dieser lebenswichtige Eiweißbaustein wird zum Aufbau des roten Blutfarbstoffes benötigt, der für den Sauerstofftransport sorgt. Je mehr Histidin da ist, desto leistungsfähiger ist der Mensch – körperlich und geistig. Histidin reguliert das Zellwachstum und die Regeneration, ist also an der Erneuerung der Zellen beteiligt. Es wird in den Zellkraftwerken, den Mitochondrien, zur Sauerstoffübertragung und damit zur Kraftentfaltung benötigt. Es ist enthalten in magerem Fleisch, Fisch, Milchprodukten, Hülsenfrüchten.

➤ THREONIN: Ein Fitmacher und Schlüsselsubstanz für die Herstellung des Endothel-Relaxing-Fak-

## TIPP

KOMBINIEREN Sie tierisches mit pflanzlichem Eiweiß (Ei mit Kartoffeln) oder Getreide mit Hülsenfrüchten (Bohnen mit Reis). Denn gemeinsam genossen, steigt die Eiweißqualität, die sogenannte biologische Wertigkeit, rapide an. Diese Kombination garantiert: Die verschiedenen essentiellen Aminosäuren liegen alle ausreichend auf Ihrem Teller.

tors, also wesentlich für die Weiterstellung der Blutgefäße und damit für die Durchblutung des Körpers, des Herzens und des Gehirns verantwortlich. Ein Mangel bedeutet fast immer eng gestellte Blutgefäße, Müdigkeit bis hin zu Herzbeschwerden. Reichlich in Hülsenfrüchten oder tierischen Eiweißen.

➤ TRYPTOPHAN: Ausgangssubstanz für Serotonin, das Hormon der inneren Ruhe, der Ausgeglichenheit, des Glücks. Bei Mangel Entwicklung von Depressionen bis hin zu Psychosen. Typischerweise ist es vermindert bei überforderter Abwehr des Körpers (z. B. bei Aids oder Rheuma). Schlüsselsubstanz für die Herstellung von Melatonin, des hormonellen Jungbrunnens. Tryptophan steckt in Milchprodukten, Geflügel, Fisch, Nüssen, Sesamsamen, Datteln und Bananen.

## INFO

**SIE können 20 bis 40 Gramm Eiweiß auf einmal essen – mehr sollte es nicht sein. Unterstützen Sie Ihre Niere: Eine kräftige, muntere Niere hat, wer ihr mit ausreichend Flüssigkeit beim Entgiften und Ausscheiden der überflüssigen Eiweißbausteine hilft: Trinken Sie 3 Liter pro Tag.**

➤ TAURIN: Macht Sie schlank. Denn dieser Eiweißstoff verbessert die Fettverbrennung und entgiftet die Leber bei toxischer Überlastung, z. B. durch Alkohol. Es blockt unangenehme Koffein-Nebenwirkungen ab, beruhigt den Puls. Steckt in Krabben, Muscheln, Fleisch und Leber.

### GUTE MAGERE EIWEISSQUELLEN

**Sie werden sehen, es ist gar nicht so leicht, auf täglich 50 bis 100 Gramm Eiweiß zu kommen:**

**20 Gramm Eiweiß stecken in:**

| | |
|---|---|
| 3 Eiern | 150 g magerem Quark |
| 123 g magerer Geflügel-wurst | 50–80 g Käse |
| 80 g Geflügelbrust | 200 g Vollkornmehl |
| 100 g Kalbsfilet | 160 g Haferflocken |
| 80 g magerem Lammfleisch | 270 g Naturreis |
| 80 g Putenbrust | 50 g getrockneten Keimen |
| 200 g Austern | 250 g Weizenschrotbrot |
| 100 g Fisch | 70 g Erdnüssen |
| 600 ml fettarmer Milch (1,5 % Fett) | 70 g Leinsamen |
| 600 ml Buttermilch | 100 g Mandeln |
| 600 g Joghurt (1,5 % Fett) | 80 g Sonnenblumenkernen |
| 150 g Frischkäse (20 % Fett) | 100 g getrockneten Bohnen |
| 100 g Mozzarella | 350 g Erbsen |
| | 400 g Kohlgemüse |
| | 1 kg Kartoffeln |
| | 250 g Tofu |

# Das Leben ist süß

*WIR ziehen die süßen Seiten des Lebens vor. Denn das Glück schmeckt süß. Schon als Baby macht uns die Muttermilch selig. Doch mit Süßem sollten Sie sparsam umgehen – und es dann einsetzen, wenn Ihr Körper und Ihre Seele davon profitieren: die Praline für den Genuss, das Dessert zur Entspannung.*

WIR alle suchen nach dem Glück, der Euphorie, der guten Stimmung. Dafür leben wir und danach handeln wir. Dieses wunderbare Wohlgefühl wird durch ein Zaubermolekül in unserem Gehirn hervorgerufen: durch Serotonin.

Serotonin ist das Anti-Depressivum, das die Natur für uns bereithält – die Pharmaindustrie macht es nur nach. Serotonin ist der Grund, warum wir morgens ein Brötchen mit Marmelade essen, einen Löffel Zucker in den Kaffee rühren, warum uns Schokolade tröstet und der Plätzchenteller den Winter erträglicher macht. Zucker erhöht den Serotoninspiegel im Gehirn. Viel Serotonin ist gut, weil es uns glücklich macht, beruhigt, entspannt und entstresst. Wenn wir immer wieder zum süßen Glück greifen, wenn Süßes uns süchtig und euphorisch macht, dann steckt Serotonin dahinter.

## Süßes Glück hat Nebenwirkungen

ZUCKER erhöht den Insulinspiegel. Und Insulin ist – überdosiert – das Hormon der Verlierer. Es macht dick und alt. Es treibt den Zucker in die Fettzellen und sperrt ihn dort in Form von Fettmolekülen ein. Es hindert das Schlankheitshormon Glukagon daran, Fett zur Verbrennung in die Muskelzellen zu dirigieren. Das drückt den Zeiger der Waage nach oben. Während Insulin darum bemüht ist, Fettberge zu horten, bremst es gleichzeitig die wichtigsten Anti-Aging-Hormone aus. Es stoppt das Testosteron, das Hormon, das für innere Dynamik und Power sorgt. Außerdem behindert es das Wachstumhormon STH, das Fett abbaut, Muskeln aufbaut, die Haut strafft und Falten wegzaubert. Solange Insulin, bedingt durch Fast Food, Weißmehl, Fertigprodukte, süße Getränke, Kekse, Schokoriegel, oft den ganzen Tag im Blut regiert, haben Schlankheits-, Power- und Forever-Young-Hormone keine Chance.

Also machen Sie nicht den Fehler, den Tag süß zu starten, z. B. mit künstlichen Kohlenhydraten, Zucker, Marmelade oder Weißmehlprodukten. Die machen Sie nur müde. Viel Insulin im Blut bedeutet auch schneller Blutzuckerabfall. Das Hormon schaufelt die Zuckermoleküle schneller aus dem Blut, als dass sie nachkommen. Dem Gehirn geht der Zucker aus, Sie werden fahrig, nervös und unkonzentriert.

Mein Tipp: Sie wollen jemanden im Golf schlagen, im Job ausstechen oder im Schach besiegen? Dann bieten Sie dem Gegner Traubenzucker an. Dopen Sie sich selbst mit Honig. Denn das natürliche Produkt von den Bienen, so haben US-Wissenschaftler jüngst festgestellt, ist besser für sportliche und geistige Leistungskraft als jeder Energy-Drink, jeder Traubenzucker, jede Nudel-Orgie. Die Natur weiß es eben immer besser.

Die natürlichen Kohlenhydrate aus frischem Obst, Gemüse und Vollkornprodukten halten Sie auf Dauer schlank, jung und geistig fit. Dafür gibt es einen einfachen Grund: Die Natur meidet Insulin-Spitzen. Der Blutzucker bleibt dadurch den ganzen Tag über konstant – Ihre Leistungskraft, geistige Frische und Fitness auch.

## Halten Sie das Insulin in Schach

DER glykämische Index (GI) eines Lebensmittels sagt Ihnen, ob es viel vom Dickmacherhormon Insulin lockt oder nicht. Meiden Sie Lebensmittel mit hohem glykämischen Index und kombinieren Sie diese nie mit Fett. Greifen Sie dagegen bei solchen mit niedrigem glykämischen Index – unter 50 – kräftig zu.

## Die Sonne schmeckt süß

ES gibt ein Glück ohne Nebenwirkungen: Licht und Bewegung. Es gab eine Zeit, da war der Mensch noch unabhängig von Marmeladenbrot und Schokolade. Es war die Zeit, in der er nicht den ganzen Tag in dunklen Höhlen mit künstlichem Licht lebte. Er ahnte: Auch die Sonne schmeckt süß. Licht und Bewegung erhöhen den Serotoninspiegel – ohne Kalorien und Insulin. Deswegen sind Menschen, die in der Morgensonne laufen, den ganzen Tag über glücklich und brauchen keinen Zucker für die gute Laune. Also: Laufen Sie morgens und essen Sie abends Kohlenhydrate. Da Kohlenhydrate über den Botenstoff Serotonin entspannen, darf das Abendessen ruhig reich an Kohlenhydraten sein: Pasta mit Gemüse, Naturreis mit Pilzen – oder ein köstliches süßes Dessert locken jede Menge Serotonin, das Stress abbaut.

### Glykämischer Index (GI) von Lebensmitteln

| HOHER GI | | NIEDRIGER GI | |
|---|---|---|---|
| Traubenzucker | 100 | Tomaten | 15 |
| Weißbrot | 95 | Gemüse | 15 |
| Schnellkochreis | 85 | Schokolade über 60 % Kakaoanteil | 22 |
| Popcorn | 85 | Marmelade ohne Zucker | 25 |
| Cornflakes | 85 | Frisches Obst | 30 |
| Zucker | 75 | Kichererbsen, Linsen | 30 |
| Biskuit | 70 | Bohnen | 30 |
| Polierter Reis | 70 | Milchprodukte | 35 |
| Graubrot | 65 | Schrotbrot | 35 |
| Banane | 60 | Vollkornnudeln | 40 |
| Konfitüre | 55 | Weizenvollkornbrot | 40 |
| Nudeln | 55 | Frischer Fruchtsaft | 40 |
| | | Haferflocken, Vollreis | 50 |
| | | Vollkornmüsli ohne Zucker | 50 |

# Fett – Sie brauchen 10 Gramm

*JEDES Gramm tierisches Fett, das Sie nicht in Ihren Muskeln verbrennen, schlägt sich am »mittleren Ring« nieder. Gemeinsam mit Zucker verursacht das Überangebot an Fett Arteriosklerose, damit Herzinfarkt und Schlaganfall.*

IHR Kopf sagt: »Heute will ich eine Schweinshaxe mit Knödel«. Sie geben ihm nach. Die Galle ackert, die Bauchspeicheldrüse schuftet. Armaden von Hormonen und Enzymen verdauen den Berg, der da kommt. Die Folge: Sie sind müde und schlecht gelaunt. Warum tun Sie das nur immer wieder? Wahrscheinlich, weil Ihre somatische Intelligenz schläft – die körperliche Intelligenz, die alles andere als voll und geistig träge sein will. Ihr Körper möchte lieber schweben. Doch Fett hält Sie davon ab. Es verklebt Ihre Ionenkanälchen im Gehirn, die für Kreativität und Geistesblitze offen sein müssten. Es verstopft Ihre Adern, drosselt den Sauerstofftransport zu Ihrem Gehirn und den Organen, mindert Ihre Vitalität, Geisteskraft und Gesundheit. Nichts macht Sie schneller alt, als ein Sauerstoffmangel in der Zelle. Fettpolster wuchern um Ihre Hüften und fesseln Sie an den Sessel. So ist das leider. Jeder zweite Deutsche hat Übergewicht. Und Übergewicht besteht nun mal aus Fett und nicht aus Muskeln, denn die wiederum sind aus Eiweiß.

Fakt ist: Sie brauchen Fett zum Überleben – theoretisch 10 Gramm täglich. Ein Esslöffel Vitamin F – also essentielle Fettsäuren aus pflanzlichen Ölen – genügt. Daraus bildet Ihr Körper Hormone, polstert Ihre Organe, hält die Zellwände und die Haut geschmeidig, schützt die Nerven, transportiert die fettlöslichen Vitamine zu jeder Zelle und trägt das Aroma.

Sie brauchen nicht wie der durchschnittliche Deutsche, Österreicher oder Schweizer täglich 140 Gramm – 14 Esslöffel voll – tierisches Fett aus Braten, Torten, Wurst und fettem Käse zu essen. Außer, Sie ackern 10 Stunden auf dem Feld.

## Für Fett gilt: FdH

ICH sehe ein, mit einem Esslöffel Öl möchten Sie nicht leben. Bei dieser Menge bleibt der Genuss auf der Strecke. Doch das müssen Sie auch nicht. FdH reicht, um Jahre, Energie, Vitalität und Leistungskraft zu gewinnen. Fett die Hälfte lautet das Motto! Das geht ganz einfach, ohne zu darben: Minimieren Sie tierische Fette aus Braten, Wurst, Sahne, Torten, Butter, Frittierfett und Schmalz. Greifen Sie stattdessen bei Milchprodukten, Fleisch und Geflügel zu den mageren Vertretern. Setzen Sie auf die Kraft pflanzlicher Öle. Olivenöl ist das Geheimnis der Hundertjährigen rund um das Mittelmeer, auch Hanf-, Leinsamen- und Rapsöl liefern Ihnen lebenswichtige Fettsäuren sowie Vitamin E. Dieses Anti-Aging-Vitamin verjüngt alle Zellen, glättet Falten, putzt die Gefäße, halbiert das Herzinfarkt- und Krebsrisiko, verjüngt das Immunsystem und hilft, das Gehirn vor Alzheimer zu bewahren.

## Gute Eicosanoide halten jung

PFLANZLICHE Fettsäuren fördern die Bildung guter Eicosanoide. Während tierische Fette die Produktion der schlechten Eicosanoide antreiben. Eicosanoide sind die Offiziere der Forever-Young-Hormone, die Superhormone in Ihrem Körper, die andere Hormone kontrollieren. Und damit sind sie verantwortlich für Ihre Abwehrkräfte, Ihr Herz-Kreislauf-System, Ihre

Nerven, die Fortpflanzung, die Atmung, das Denken, das Fühlen und die Leistungsfähigkeit. Gute Eicosanoide verhindern Arteriosklerose und Herzinfarkt, halten Sie jung, fit und leistungsfähig. Sie sorgen dafür, dass Sie länger, glücklicher und gesünder leben. Viele gute Eicosanoide im Körper haben, heißt: Weniger tierische Fette, mehr pflanzliche Öle, und zwar Oliven-, Hanf- oder Rapsöl, Nüsse, Samen und Avocados verwenden. Ganz wichtig ist der Genuss von Seefisch mit den Omega-3-Fettsäuren aus Lachs, Hering, Tunfisch und Makrele.

Mehr schlechte Eicosanoide entstehen in Ihrem Körper durch viel Zucker oder rotes, fettes Fleisch. Fettes Fleisch liefert Arachidonsäure, der Baustein für schlechte Eicosanoide. Genauso wie gehärtete Pflanzenfette (siehe vor allem auf dem Etikett von Fertigprodukten) und ein Zuviel an Omega-6-Fettsäuren aus Mais-, Sonnenblumen- und Erdnussöl.

Essen Sie bewegtes Fleisch. Meiden Sie nicht nur falsches Fett, sondern verbrennen Sie auch Fett. Denn sobald Sie anfangen, Fett zu verbrennen, wacht auch Ihre somatische Intelligenz wieder auf. Laufen Sie regelmäßig, dann verbrennen Sie Fett. Sie werden sehen: Plötzlich erwacht in Ihnen eine ungeahnte Lust auf Gemüse mit Olivenöl, auf Obstsalat mit Nüssen, auf Avocado oder auf unsere leichten Forever-Young-Rezepte ab Seite 30.

## TIPP

INSULIN-MAST bezeichnen Experten die fatale Wirkung aus der Kombination von künstlichen Kohlenhydraten mit Fett. Wer Zucker oder Weißmehl mit Fett genießt, provoziert die Freisetzung von Insulin. Das Hormon schickt die Nahrungsfette direkt dorthin, wo wir sie nicht haben wollen: in die Fettzellen. Pure Dickmacher sind: Chips, Torte, Butterbrot, Schokolade, Fertiggerichte (mit Zucker konserviert), auch Braten mit Knödel, Pommes frites mit Ketchup (enthält Zucker), polierter Reis oder Nudeln mit Sahnesauce, Kartoffeln mit Butter, Butterbrot mit Marmelade, Brötchen mit Schnitzel, Currywurst mit Pommes …

NEANDERTALER haben bewegtes Fleisch gegessen – Rehrücken hat 0,5 Prozent Fett. Und dieses Fett verbrannten die Neandertaler auf der Jagd. Übrig blieb wertvolles Eiweiß. Der Neandertaler aß 34 Prozent Eiweiß – gutes Eiweiß. Das tun wir nicht, denn wir verpassen uns Sitzfleisch. Die Kuh steht im Mastbetrieb faul herum, wir sitzen ohne Ausgleich ständig im Großraumbüro. Unsere Fleischlieferanten verfetten. Essen Sie bewegtes Fleisch: Wild, glückliche Hühner und herumschwimmenden Fisch. Meiden Sie die mit Hormonen gemästeten, fetten Altmacher. Sie erkennen Sie z. B. an dem roten Etikett, auf dem geschrieben steht: Sonderangebot.

# Fit mit Power Food

*ESSEN ist die stärkste Droge, die der Mensch kennt. Im Essen stecken Aktivmacher oder Beruhigungsmittel, Gehirndoping oder Antidepressiva – ja, sogar so etwas wie Opium. Und das Beste daran: garantiert ohne Nebenwirkungen. Probieren Sie es aus.*

IST schon mal der Gaul mit Ihnen durchgegangen, und zwar im wörtlichen Sinne? Ihr sonst lammfrommes Reitpferd, das brav in der Halle vor sich hintrottet, tänzelt nervös, blinzelt wach und gibt bei der ersten Hecke Gas, geht einfach durch. Es stürmt über eine Stunde lang durch Wald und Feld, über Gräben und Hecken – und Sie können sich nur noch klein machen, festhalten. Ein völlig verändertes Pferd: vom Hafer gestochen. Es hat ausnahmsweise mehr Hafer als sonst abgekriegt.

Die Ursache für diesen Elan: Im Hafer, in Haferflocken, steckt Tyrosin, die Grundlage aller Muntermacher-Substanzen im Gehirn. Tyrosin ist Basissubstanz für eine Gruppe von Neurotransmittern und Hormonen, die Einfluss auf Wachsamkeit, Reaktionsschnelle, Aggressivität und Konzentrationsfähigkeit nehmen. Sie heißen zum Beispiel Dopamin und Adrenalin. Hafer enthält außerdem Enzyme, die das Tyrosin in Dopamin umwandeln helfen und Ihr Pferd in der Stimmung völlig verändern. Warum nur das Pferd und nicht auch Sie? Essen Sie Haferflocken mit ihrem Tyrosin und ihren munter machenden Enzymen, die Sie lange in den Abend hinein wach, aufmerksam, leicht aggressiv am Schreibtisch werden lassen. Mit Schwung stürzen Sie sich in die Arbeit – und Sie lächeln dabei. Lassen Sie sich vom Hafer stechen und gönnen Sie sich noch mehr Power Food. Auch Vitalstoffe aus Fisch, Garnelen, Austern, Hüttenkäse, Hülsenfrüchten, Zitrusfürchten, Beeren, Müsli ohne Zucker, grünem Gemüse, schwarzem Tee lassen Höchsleistung zu einem Kinderspiel werden.

## Calmdown Food statt Valium

COLA trinken Millionen Menschen täglich. Von Süßigkeiten lebt die zivilisierte Jugend. Zucker und Fast Food kann also so schlimm nicht sein ... Meinen Sie? Dazu gibt es folgende Erfahrungen: Wenn man in Erziehungsanstalten bei verhaltensauffälligen Minderjährigen die typischen Süßigkeiten, Limonade, weißes Mehl, geschälten Reis austauscht gegen natürliche Kost, gegen Obst und Gemüse, Vollkorngerichte, Nüsse ... , dann sinkt die Zahl der sichtbaren Verhaltensstörungen einschließlich Gewalttätigkeiten und Hyperaktivität um die Hälfte. Was beeinflusst unter diesen Umständen die Stimmung der Jugendlichen? Der mit leeren Kalorien – sprich Zucker und Weißmehl – einhergehende Mangel an B-Vitaminen und Mineralstoffen wie Eisen, Magnesium, Zink, Phosphor.

---

### TIPP

LASSEN Sie sich von Ihrem Geschmack ruhig leiten. Schöpferische Menschen haben eine Vorliebe für Salziges, eher nachdenkliche schätzen besonders Süßes. Aktive, neugierige Personen mögen gerne herzhaft pikante Speisen, und traurige essen gerne sauer. Bekanntlich macht sauer lustig.

Wer leicht aus der Haut fährt oder Stress nicht gewachsen ist, sollte erstmal seine Ernährung auf Natur umstellen. Kommt Wut oder Zorn auf, hilft ein besonderer Snack für innere Ruhe und Gelassenheit: ein Bananendrink. Er liefert Serotonin, den Gehirnbotenstoff, der entspannt, Heißhunger auf Süßes löscht, Schlafstörungen beseitigt und gute Laune macht. Weitere Beruhigungsmittel aus der Natur: Nudeln, Kartoffeln, Reis, Nüsse, Samen, Feigen, Datteln, rotes Gemüse, Hülsenfrüchte, Käse, Tofu, Meeresfrüchte, Geflügel und magerer Fisch. Das beste Anti-Stressmittel aber ist, täglich ein großes Glas Tomatensaft zu trinken.

## Intelligenz vom Löffel: Brain Food

SOJA macht klug. Einer der wichtigsten, unsere Intelligenz bestimmenden Neurotransmitter im Gehirn ist das Acetylcholin. Es besteht aus einer Aminosäure und aus Cholin, einer Art Vitamin. Aminosäuren haben wir in der Regel genug. Aber Cholin? Die besten Quellen sind Soja, Weizenkeime und Erdnüsse. Völker, die sich von Soja ernähren, sind in der Regel helle im Kopf. Kochen Sie ab und zu mit Tofu, essen Sie Sojasprossen, trinken Sie ruhig auch mal Sojamilch statt Kuhmilch, streuen Sie Weizenkeime über Ihren Salat oder Ihr Müsli und knabbern Sie Erdnüsse, wenn etwas Kompliziertes schnell gelöst werden muss. Noch mehr Brain Food: Leber, Eigelb, Käse, Vollkorngetreide, Hülsenfrüchte, Sesamsamen, Bierhefe.

Wer zu Samen, Hefe und Vollkorn greift, bekommt dann auch gleich die für ein fittes Gehirn nötigen B-Vitamine. Zur Abrundung fehlen nur noch Mangan und Chrom, die Mineralien für gute Nerven, geistige Frische und scharfen Intellekt. Mangan steckt in Vollkorn, weißen Bohnen, Erbsen, Grünkohl und jede

*TANKEN Sie täglich Magnesium: Denn ein Magnesium-Schub vervielfacht Ihre Energie. Dieser Mineralstoff vermehrt die Mitochondrien in jeder Körperzelle, die Kraftwerke des Lebens, die Produzenten der Lebensenergie. Gute Magensium-Lieferanten sind Sojabohnen, Leinsamen, Kürbiskerne, Pfifferlinge, Erdnüsse.*

Menge ist im schwarzen Tee. Chrom ist in Samen, Nüssen, Naturreis, Pilzen und Getreide enthalten. Denker brauchen aber auch mehr von den hirnaktiven Eiweißbausteinen, die für gute Laune, Überblick, Jugend, Optimismus, Kreativität und Euphorie sorgen. Essen Sie am besten Eiweiß ohne Fett, also mageren Fisch, Frischkäse, mageres Geflügel.

## Soul Food statt Trostpflaster

KENNEN Sie das Gefühl? Schokolade muss es sein, und zwar täglich. Kein Gummibärchen, keine Erdbeertorte, kein Bonbon, sondern Sie haben Heißhunger auf Schokolade. Mehr als die Hälfte der Schokoladenfans bezeichnen sich als süchtig. Warum nur? Der Trick liegt in der Verarbeitung der Kakaobohne. Sie wird gegoren, fermentiert und dabei entstehen biogene Amine. Bekannt ist das Phenylethylamin. Den gleichen Stoff produzieren Menschen, wenn sie verliebt sind. Eine Tafel Schokolade enthält ein knappes Gramm von dieser Liebesrauschdroge. Die eigentliche Ursache für unseren Schokohunger sind jedoch Opiate. Bei der Fermentation wird ein morphinverwandter Stoff gebildet. Auch im Milcheiweiß sind Abkömmlinge von Morphin nachweisbar – der Schlummertrunk der Säuglinge an der Mutterbrust, oder in der Milchschokolade. Schokolade enthält noch Theobromin, der Stoff hellt auf, regt an, macht zum »Schokoholic«. Genießen Sie ruhig ab und zu ein Stück Schokolade. Am besten Bitterschokolade, in ihr

stecken 800 Inhaltsstoffe – mehr als in jedem anderen Lebensmittel. Sie enthält mehr vom Seelentröster Kakao und macht nicht dick, weil sie einen niedrigen glykämischen Index hat und das Dickmacherhormon Insulin nicht lockt. Noch mehr Soul Food: Kakao, Gewürze wie Safran, Zimt, Vanille und Vollkornprodukte statt Weißmehl. Da drin steckt Vitamin $B_1$, das Gute-Laune-Vitamin. Auch Seefisch macht glücklich, denn seine Omega-3-Fettsäuren kurbeln die Serotoninproduktion im Gehirn an. Fisch, Geflügel, Vollkorn- und Milchprodukte, Nudeln, Honig, Bananen, Trockenfrüchte, Chili regen die Produktion von Neuropeptiden und Endorphinen an. Beides Stoffe, die Stress abbauen, Mattigkeit und Traurigkeit vertreiben.

## Gesundes Opium: Mood Food

PFEFFER und Muskat gehörten zu den teuersten Gewürzen im Mittelalter. Zwei Pfund Muskatblüte kosteten genauso viel wie eine Kuh. Die Reichen und die Schönen gierten nach diesen Stoffen. Woher diese Sucht? Preise und Gewinnspannen erinnern ein wenig an den modernen Drogenhandel. Und genauso war das damals. Gewürze enthalten Stoffe, die unsere Stimmung beeinflussen. Die bekanntesten: Myristicin und Elemicin, chemisch verwandt mit Mescalin, der Droge aus dem mexikanischen Peyotl-Kaktus, der starke Halluzinationen hervorruft. Benutzt von Zauberern und Priestern, um das Gefühl des Fliegens auszulösen,

um die Leute halluzinierend im Traum abheben zu lassen, in den Nachthimmel aufsteigen zu lassen und um die Welt fliegend zu begreifen. Die im Pfeffer und Muskat enthaltenen Drogenmoleküle, sind dem Mescalin chemisch sehr verwandt. Auch über die Nase wirken diese Drogenmoleküle. Vom Teller weg vermindern sie Stress und beruhigen. Würzen Sie, so viel Sie können. Alle Gewürze sprechen Ihre Seele an. Sie lassen Sie abheben, fliegen, träumen.

## TIPP

**NUR wenn Ihre 70 Billionen Körperzellen glücklich sind, sind Sie es auch. Wie schafft man das? Heute leider nur mit Hilfe des Gemüsemanns und des Apothekers. Wer micht kennt, weiß: Eines meiner Lieblingsthemen lautet Vitalstoffpräparate. Doch ich finde, in einem Kochbuch haben diese nichts zu suchen. Starten Sie deshalb mit den Glücklichmachern Ihrer Zellen auf der nächsten Seite – mit unseren Forever-Young-Rezepten. Anregungen zum Thema »Vitalstoffe« finden Sie in meinen anderen Forever-Young-Büchern: »Das Erfolgsprogramm« oder »Das Ernährungsprogramm«.**

# Slim Food statt Schlankheitspillen

STATT faul auf der Couch zu liegen und von Wunderpillen zu träumen, sollten Sie lieber täglich 30 Minuten laufen und sich schlank essen. Das geht ganz einfach: Alle vier Stunden ein Häppchen Eiweiß. Das liefert die Aminosäuren, aus denen der Körper Schlankhormone baut, z. B. Noradrenalin. Dazu Vitamin C aus Obst und Gemüse, das kurbelt den Fettabbau an. Zucker und Weißmehl sollten Sie meiden. Nur dann hat das Schlankhormon Glukagon eine Chance, sein schmälerndes Werk zu vollbringen. Bei Nudeln, Reis oder Brot greifen Sie lieber zu Vollkornprodukten, diese liefern die Vitamine $B_1$ und $B_6$ – wichtig für Muskelaufbau, denn der Muskel ist das Organ, das Fett verbrennt. Ohne Vitamin $B_3$ stellt Ihr Gehirn auch nicht ausreichend von dem Appetitzügler Serotonin bereit. Übergewichtige leiden fast immer unter Chrom-Mangel: Schwarzer Tee, Paranüsse, Weizenvollkorn helfen, das gewichtige Problem zu beheben. Auch das Spurenelement Jod wirkt sich positiv auf den Energiehaushalt aus. Neptuns Schlankmacher Seefisch und Meeresfrüchte liefern Jod. Mangelt es dem Körper an Magnesium, sind Sie nervös und müde und die Pfunde wuchern. Denn ohne Magnesium wird kein Fett verbrannt. Knabbern Sie Kürbiskerne und Leinsamen. Joggen Sie in die Apotheke, denn im Essen steckt nicht mehr ausreichend Magnesium. Und zum Schluss: Genießen Sie das Leben, die Freunde, den Wein sowie das Essen. Denn wahre Genießer haben keine Gewichtsprobleme. Guten Appetit!

*Wer häufig in der Kantine isst, bekommt zu wenig Folsäure, weil sie verkocht. Dann fehlt Ihnen Noradrenalin. Der Stoff der Siegertypen und Kreativen macht hellwach, fröhlich und konzentriert – er lässt Stress zum Vergnügen werden. Gehen Sie zur Selbsthilfe über, essen Sie so viel frisches Obst und Gemüse, wie die fröhlichen Kreter: 230 Kilo im Jahr. Genießen Sie hauptsächlich Grünes. Denn besonders in grünem Gemüse ist reichlich Folsäure enthalten.*

# Forever-Young-Frühstück

FRÜHSTÜCKEN Sie nicht wie ein Kaiser, sondern wie ein Weiser: Leicht, frisch, den Appetit auf das Leben anregend, sodass Sie munter in den Tag fliegen. Das Frühstück des Kaisers ist die Aufforderung, sich auszuruhen, das des Weisen ist der Auftakt für einen Tag voller schöpferischer Kreativität und fröhlicher Leichtigkeit des Seins. Weise frühstücken heißt: Früchte für Vitalität, Eiweiß für Power, Vollkorn für Energie.

OBST erfrischt morgens den Geist, wappnet den Körper mit Vitalstoffen – hält lange satt, ohne zu belasten. Die ideale Ergänzung: Milchprodukte. Die Nacht hat die Eiweißvorräte für Reparaturarbeiten an rund 70 Billionen Körperzellen aufgebraucht. Füllen Sie mit Pistazienquark oder Kokos-Cheese die leeren Tanks wieder auf. Nur dann stehen dem Körper Bausteine für diejenigen Hormone zur Verfügung, die glücklich machen, Sie mit Ideen voll pumpen und mit ungeahnter Vitalität aufladen. Der Dritte im Power-Bund ist Vollkorn. Egal, ob in Knusper-Müsli oder Tomaten-Ricotta-Brot – Getreide versorgt Sie über längere Zeit kontinuierlich mit Energie und liefert B-Vitamine, die sowohl das Nervenkostüm polstern als auch den Geist blitzen lassen. Sie haben die Wahl: 12 Mal Power-Frühstück – von Soul Food bis Brain Food, von fruchtig bis herzhaft.

# EVERY-DAY-OBSTSALAT

vitaminreich, leicht

ORANGENSCHALE samt der weißen Haut abschneiden. Die Filets herausschneiden und in einem Sieb abtropfen lassen, dabei den Saft auffangen. Das übrige Fruchtfleisch auspressen. Den Orangensaft mit dem Zitronensaft und der Frutilose in einer großen Schüssel mit einem Schneebesen verquirlen.

APFEL und Birne waschen, mit der Schale vierteln und vom Kerngehäuse befreien. Die Viertel in dünne Spalten schneiden und sofort in dem Zitrussaft wenden, damit sie nicht braun werden. Die Banane schälen, in Scheiben schneiden und ebenfalls unter den Zitrussaft mischen.

WEINTRAUBEN waschen und halbieren, blaue Trauben eventuell entkernen. Die Kiwi schälen, halbieren und in Scheiben schneiden. Die Erdbeeren kurz waschen, von den Stielansätzen befreien und je nach Größe halbieren oder vierteln. Die Orangenfilets, Trauben, Kiwischeiben und Erdbeeren zu den Äpfeln und Birnen geben und alles vorsichtig vermischen.

HASELNÜSSE grob hacken. In einer trockenen Pfanne unter ständigem Rühren goldbraun rösten. Aus der Pfanne nehmen, etwas abkühlen lassen und unterheben. Den Obstsalat 5 Min. ziehen lassen.

TIPP: Auch andere Nüsse oder Samen wie Walnüsse, Kürbis-, Sonnenblumen- oder Pinienkerne geben der Mischung eine aparte, leicht nussige Note.

*Pro Portion etwa: 3 g E/5 g F/40 g KH/205 kcal*

---

## TIPP

**Manche Menschen fühlen sich am wohlsten, wenn sie nur mit Früchten in den Tag starten. Denn Früchte erfrischen und belasten den Stoffwechsel nicht.
Ideal: Shaken Sie sich 30 Minuten, bevor Sie den Obstsalat essen, einen Eiweißdrink. Das beschert Ihnen für den ganzen Tag Forever-Young-Hormone.**

---

**FÜR 2 PERSONEN**

1 kleine Orange

1 EL Zitronensaft

2 TL Frutilose (Obstsüße)

1 kleiner säuerlicher Apfel

1 kleine Birne

1/2 Banane

50 g grüne kernlose Weintrauben

50 g blaue Weintrauben

1 Kiwi

50 g Beeren (Erdbeeren, Himbeeren oder Johannisbeeren)

1 EL Haselnusskerne

**ZUBEREITUNGSZEIT: 20 MIN.**

*FRUCHTIGE VARIANTEN: Ob mit Aprikosen, Pfirsichen oder Zwetschgen, frischen Feigen und Litschis oder im Winter auch mit Mandarinen – dieser Obstsalat kann nach Vorlieben und Saison beliebig ergänzt oder variiert werden.*

# KNUSPER-MÜSLI

### Muntermacher

**FÜR 2 PERSONEN**

1 EL Walnusskerne
1 TL Butter
3 EL Sesamsamen
2 TL Akazienhonig
1 Banane
2 blaue Pflaumen
1 Pfirsich
1 grüne Feige
1 kleine Orange
200 g Joghurt (1,5 % Fett)
3 EL kernige Haferflocken

**ZUBEREITUNGSZEIT:
20 MIN.**

WALNÜSSE hacken. Für die Knuspermischung die Butter in einer Pfanne zerlassen. Die Nüsse und den Sesam darin bei mittlerer Hitze goldbraun rösten. 1 TL Honig hinzufügen und 3 Min. unter ständigem Rühren erhitzen. Die Mischung auf einen Teller geben und abkühlen lassen.

BANANE schälen und in Scheiben schneiden. Die Pflaumen und den Pfirsich waschen, halbieren, entsteinen und in Spalten schneiden. Die Feige waschen, vorsichtig trocknen und achteln. Die Orange samt der weißen Haut schälen, die Filets herauslösen.

JOGHURT mit dem übrigen Honig und den Haferflocken vermischen. Diese Mischung in zwei Schälchen füllen und das Obst darauf verteilen. Die Knuspermischung darüber streuen.

*Pro Portion etwa: 10 g E/15 g F/4 g KH/ 343 kcal*

# FRISCHKORN-MÜSLI

### reich an B-Vitaminen

HAFER- und Weizenschrot in eine Schüssel geben und mit Kefir verrühren. Mit Folie abdecken und über Nacht im Kühlschrank quellen lassen.

PAPAYA mit einem Sparschäler schälen, halbieren, von den Kernen befreien und in kleine Würfel schneiden, davon 2 EL zum Garnieren beiseite stellen. Das übrige Fruchtfleisch mit dem Limettensaft und dem Ahornsirup unter die Getreidemischung heben.

DAS Müsli auf zwei Schälchen verteilen. Jeweils 1 EL Papayawürfel darauf geben. Die Erdnüsse grob hacken und über das Müsli streuen.

*Pro Portion etwa: 11 g E/ 8 g F/ 39 g KH/ 282 kcal*

**FÜR 2 PERSONEN**

je 75 g geschroteter Hafer
und Weizen
250 g Kefir
(1,5 % Fett)
1 reife Papaya
2 TL Limettensaft
2 TL Ahornsirup
1 EL Erdnusskerne

**ZUBEREITUNGSZEIT:
20 MIN.
QUELLZEIT: 12 STD.**

# PORRIDGE MIT APRIKOSEN

kernig, kräftig

APRIKOSEN mit kochend heißem Wasser überbrühen, kalt abschrecken, die Haut abziehen, halbieren und entsteinen. Zwei Hälften davon in Spalten schneiden und beiseite legen. Die übrigen Aprikosen mit dem Pürierstab fein pürieren. Das Aprikosenpüree mit Zimt würzen.

MILCH mit der Butter und dem Salz in einem Topf langsam zum Kochen bringen. Die Buchweizengrütze und die Rosinen dazugeben und unter Rühren bei schwacher Hitze 15 Min. ausquellen lassen. Den Honig oder das Stevia-Pulver und den Zitronensaft untermischen.

PORRIDGE auf zwei Suppentellern anrichten. Das Aprikosenpüree darauf verteilen und mit einem Löffel teilweise unterziehen. Mit den übrigen Aprikosenspalten belegen.

TIPP: Außerhalb der Aprikosen-Saison bieten sich Pfirsiche oder Mango als fruchtige Alternative an.

*Pro Portion etwa: 10 g E/ 5 g F/ 54 g KH/ 303 kcal*

## FÜR 2 PERSONEN

250 g Aprikosen
1/4 TL Zimtpulver
1/2 l Milch (1,5 % Fett)
1 TL Butter
1 Prise Salz
75 g Buchweizengrütze
20 g Rosinen
1 EL Honig oder 2 Msp.
Stevia-Pulver
(Naturkostladen)
1 TL Zitronensaft

ZUBEREITUNGSZEIT: 35 MIN.

*MILDE VARIANTE:
Wer den herzhaften und kernigen Geschmack von Buchweizen nicht mag, nimmt stattdessen Vollkorngrieß.*

# TIPP

„Stevia, der Extrakt aus dem Honigblatt, süßt intensiver als Zucker - ohne das Dickmacherhormon Insulin zu locken. Stevia gibt es als Teeblätter, Pulver oder flüssig. Obwohl es in Japan seit mehr als 30 Jahren intensiv verwendet wird, hat es in der EU noch keine Zulassung. Stevia-Produkte können aus der Schweiz oder den USA bezogen werden - übers Internet."

## INFO

Wer mit dem üblichen Marmeladen-brötchen in den Tag startet, erntet Misserfolg. Denn Zucker und Weiß-mehl lösen einen Teufelskreislauf aus: Hoher Blutzuckerspiegel, viel Insulin, niedriger Blutzucker. Die Fol-ge: Müdigkeit, Konzentrations-schwäche, Heißhunger auf Süßes. Wenn Sie mit diesem Rezept starten, ist das nicht so.

## BRÖTCHEN MIT BEEREN-KONFITÜRE

aromatisch, roh gerührt

**FÜR 300 g KONFITÜRE**

150 g gemischte Beeren
130 g Mango
100 g Fruchtzucker
3 g Biobin (Reformhaus)
2 EL Limettensaft

**FÜR 2 PERSONEN**

2 Vollkornbrötchen
2 EL Buttermilch-Frischkäse
2 EL Beeren-Konfitüre

ZUBEREITUNGSZEIT:
20 MIN.
KÜHLZEIT: 3 STD.

BEEREN kurz abbrausen, abtropfen lassen, verlesen, eventuell putzen. Die Mango schälen und in kleine Würfel schneiden. Die Beeren und die Mango mit dem Pürierstab fein pürieren.

FRUCHTZUCKER und das Biobin hinzufügen und 5 Min. mit den Quirlen des Handrührgerätes verrühren. Den Limettensaft untermischen.

BEEREN-KONFITÜRE in zwei kleine Gläser einfüllen und mit Twist-Off-Deckeln gut verschließen. Die Beeren-Konfitüre vor dem Verzehr mindestens 3 Std. in den Kühlschrank stellen.

VOLLKORNBRÖTCHEN mit einem Messer quer aufschneiden. Die Hälften mit dem Frischkäse bestreichen und je 1 EL Konfitüre darauf verteilen.

TIPP: Die Brötchen eventuell mit Zitronenmelisse garnieren. Roh gerührte Konfitüre verdirbt sehr schnell. Deshalb die Beeren-Konfitüre unbedingt im Kühlschrank aufbewahren und möglichst rasch verbrauchen. Wenn sie einmal angebrochen ist, hält sich die Konfitüre etwa 14 Tage.

*Pro Portion etwa: 5 g E/ 2 g F/ 33 g KH/ 173 kcal*

*HALTBARE VARIANTE:*
*Die pürierten Früchte mit dem Fruchtzucker und dem Limettensaft in einen Topf geben und bei schwacher Hitze 5 Min. kochen. 1/2 TL Agar-Agar mit 2 EL kaltem Wasser anrühren, dazugeben und 2–3 Min. weiterkochen lassen. Die Konfitüre sofort in Gläser füllen, mit Twist-Off-Deckeln verschließen und abkühlen lassen.*

# ORANGEN-TOAST MIT MOHNQUARK

frisch, reich an Vitamin C

**FÜR 2 PERSONEN**

1 TL Mohn
1/2 TL Butter
50 g Magerquark
1 TL flüssiger Honig
1 Prise Zimtpulver
1 Orange
2 Scheiben Vollkorn-
Toastbrot
1 Zweig Minze

**ZUBEREITUNGSZEIT:
20 MIN.**

MOHN mit der Butter in einer kleinen Pfanne bei mittlerer Hitze rösten, bis er anfängt zu duften. Den Mohn beiseite stellen und abkühlen lassen.

QUARK mit dem Honig und dem gerösteten Mohn glatt verrühren. Den Mohnquark mit dem Zimt abschmecken.

ORANGE samt der weißen Haut schälen, die Fruchtfilets aus den Trennwänden schneiden und in einem Sieb abtropfen lassen.

TOASTBROT im Toaster goldbraun rösten. Den Mohnquark auf den Toastscheiben verteilen und mit den Orangenfilets leicht überlappend belegen.

MINZE waschen, trockenschütteln, die Blätter von den Stielen zupfen und die Brote mit den Minzeblättern garnieren. Die Toasts dekorativ anrichten und sofort servieren.

TIPP: Wer es nussiger mag, kann statt Mohn fein gehackte, geröstete Hasel- oder Walnüsse unter den Quark mischen.

*Pro Portion etwa: 6 g E/ 3 g F/ 21 g KH/ 130 kcal*

*FRUCHTIGE VARIANTEN: Im Sommer können Sie den Toast zur Abwechslung mit frischen Erdbeeren belegen. Für mehr Beta-Carotin: Die Orange durch Sharon- oder Kakifrüchte ersetzen. Sie kommen vor allem in der zweiten Jahreshälfte auf den Markt und bestechen durch ihren milden Geschmack.*

37

## TOMATEN-RICOTTA-BROT
### würzig, motivierend

**FÜR 2 PERSONEN**

2 EL Ricotta
2 EL Quarkzubereitung
(0,2 % Fett)
1 TL Tomatenmark
1 TL Zitronensaft
1/2 TL Paprikapulver,
edelsüß
Salz
schwarzer Pfeffer aus der
Mühle
3 kleine Tomaten
6 Basilikumblätter
2 Scheiben Vollkornbrot

**ZUBEREITUNGSZEIT:
10 MIN.**

RICOTTA, Quark, Tomatenmark, Zitronensaft und Paprika in einer Schüssel verrühren. Die Käsecreme mit Salz und Pfeffer pikant abschmecken. Die Tomaten waschen, von den Stielansätzen befreien und in dünne Scheiben schneiden.

BASILIKUMBLÄTTER abreiben. Je 2 Blätter auf eine Scheibe Vollkornbrot legen. Die Käsecreme darauf verteilen und mit den Tomatenscheiben leicht überlappend belegen. Mit Pfeffer übermahlen und mit dem übrigen Basilikum garnieren.

TIPP: Ricotta ist ein quarkähnlicher, sehr milder Frischkäse aus Schafs- und/oder Kuhmilch. Ersatzweise können Sie Speisequark (20 % Fett) nehmen.

*Pro Portion etwa: 5 g E/ 3 g F/ 14 g KH/ 108 kcal*

## CAMEMBERT-MANDARINEN-KNÄCKE
### preiswert, raffiniert

KNÄCKEBROTE erst mit der Butter, dann mit dem Senf bestreichen. Den Camembert in sehr dünne Scheiben schneiden. Die Mandarine schälen, von den weißen Häutchen befreien und in Spalten teilen. Die Camembertscheiben und die Mandarinenspalten dekorativ auf den Knäckebroten verteilen. Mit schwarzem Pfeffer übermahlen. Die Senfsprossen abbrausen, abschneiden und auf den Mandarinenspalten verteilen. Die Knäckebrote auf Tellern sofort servieren.

*Pro Portion etwa: 7 g E/ 5 g F/ 7 g KH/ 104 kcal*

**FÜR 2 PERSONEN**

2 Scheiben Roggen-
Vollkornknäckebrot
1 TL Butter
2 TL mittelscharfer Senf
50 g Camembert
(30 % Fett i. Tr.)
1 Mandarine
schwarzer Pfeffer aus der
Mühle
1 Büschel Senfsprossen

**ZUBEREITUNGSZEIT:
10 MIN.**

# KAVIAR-KERBEL-TOAST

für sonntags

DAS Ei in 10 Min. hart kochen, mit kaltem Wasser abschrecken, pellen und abkühlen lassen.

KERBEL waschen, trockenschütteln und verlesen. Die Blättchen von den Stielen zupfen, einige zum Garnieren beiseite legen, den Rest fein hacken.

FÜR den Kerbelquark den Quark mit dem Zitronensaft und dem gehackten Kerbel verrühren, mit Salz und Pfeffer abschmecken.

TOASTBROTE im Toaster goldbraun rösten. Die Toastbrote mit dem Kerbelquark bestreichen. Das Ei in Scheiben schneiden. Die Eischeiben dekorativ darauf setzen und mit dem Forellen- oder Lachskaviar bestreuen. Die Toastbrote mit dem übrigen Kerbel garnieren.

TIPP: Kerbel passt mit seinem feinen, leicht anisähnlichem Geschmack gut zu Fisch. Er ist ein typisches Frühjahrskraut. Ersatzweise können Sie Dill oder Petersilie nehmen.

*Pro Portion etwa: 12 g E/5 g F/13 g KH/ 140 kcal*

## FÜR 2 PERSONEN

1 Ei
1 Hand voll Kerbel
75 g Quarkzubereitung (0,2 % Fett)
2–3 Spritzer Zitronensaft
Salz
weißer Pfeffer
2 Scheiben Vollkorn-Toastbrot
4 TL Forellen- oder Lachskaviar

ZUBEREITUNGSZEIT: 15 MIN.

*EBENSO FEIN:*
*Statt mit Kaviar können Sie die Toastbrote mit je 1 Scheibe Räucherlachs oder einigen Nordseekrabben belegen.*

## TIPP

**Fisch zum Frühstück, nein Danke? Das ist verständlich. Wahrscheinlich sind Sie deshalb auch nicht so fit, so kreativ, so leistungsfähig, so fröhlich. Fisch liefert das »intelligenteste« Eiweiß der Natur. Morgens nutzt der Körper das Angebot an Aminosäuren am besten aus, weil der Stoffwechsel am aktivsten ist.**

# Snacks, Drinks und Betthupferl

LEICHT – so leicht, dass einem Flügel wachsen, lautet das Motto für unsere Snacks. Ein wirklich guter Snack lässt Kreativitäts- und Power-Hormone tanzen. Und diese hieven Sie über das Leistungstief am Morgen oder über den Energieknick am Nachmittag. Stippen Sie Gemüsestreifen in den Tofu-Dip (Seite 42), probieren Sie das Forellentatar auf Chicorée (Seite 48) und fühlen Sie dabei, wie Ihnen Flügel wachsen, Sie leicht und mühelos über die vielen kleinen Alltagstiefs hinwegschweben.

ALLE, die täglich etwas für ihre Vitalität und Jugend tun wollen, finden ab Seite 56 Forever-Young-Drinks. Eiweißpower und Vitalstoffduschen aus dem Mixer: Wachen Sie auf mit dem ACE-Power-Drink. Shaken Sie sich regelmäßig in gute Laune mit Bananen und Quark. Oder vertreiben Sie den Morgenmuffel in Ihnen mit dem Tomaten-Kräuter-Cocktail von Seite 60.

KLEINE und wirkungsvolle Überraschungen warten auf Seite 62 und 63 auf Sie: Diese Betthupferl machen Sie jung und schlank im Schlaf. Das wissenschaftliche Geheimnis dahinter: Eiweiß und Kohlenhydrate locken das Wachstumshormon STH. Das Hormon, das nachts alle Körperzellen repariert, Muskeln auf- und Fett abbaut.

# PFEFFRIGE KÄSETALER

anregend, für Gäste

**FÜR 2 PERSONEN**

70 g Magerquark
2 Zweige Petersilie
1 Zweig Dill
50 g fettarmer Frischkäse
2–3 Spritzer Zitronensaft
Salz
schwarzer Pfeffer
70 g Feldsalat
1 kleiner Radicchio
2 EL Weißweinessig
1/2 TL Dijon-Senf
2 EL Maiskeimöl
2 TL Walnussöl
1 EL Pfefferkörner
Alufolie

**ZUBEREITUNGSZEIT:**
**40 MIN.**
**KÜHLZEIT:**
**1 STD.**

QUARK in ein Tuch geben und fest ausdrücken. Die Petersilie und den Dill waschen, trockenschütteln und fein hacken. Petersilie, Dill und Frischkäse mit einer Gabel unter den Quark mischen. Die Mischung mit Zitronensaft, wenig Salz und Pfeffer abschmecken.

KÄSEMASSE auf ein ausreichend großes Stück Alufolie geben und durch Drehen auf der Arbeitsfläche eine Rolle von 2–3 cm Durchmesser formen. Die Käserolle fest in der Folie einwickeln und 1 Std. ins Gefrierfach legen.

FELDSALAT und Radicchio gründlich waschen, putzen und trockenschleudern. Die Salatblätter mundgerecht zerpflücken.

ESSIG, Senf, Salz und Pfeffer mit dem Schneebesen verquirlen. Maiskeim- und Walnussöl nach und nach unterschlagen.

PFEFFERKÖRNER im Mixer oder mit dem Blitzhacker grob schroten und auf einen Teller streuen. Die Käserolle aus der Folie wickeln, rundherum in dem Pfeffer wälzen und in dünne Scheiben schneiden. Den Salat in der Vinaigrette wenden und auf zwei Tellern anrichten. Die Käsetaler darauf geben. Mit Vollkornbaguette servieren.

*Pro Portion etwa: 10 g E/ 20 g F/ 4 g KH/ 222 kcal*

## TIPP

Käsetaler in Rot, Gelb und Grün sind ein dekorativer Blickfang auf dem Partybufett. Dafür die dreifache Menge nehmen, die Käserolle dritteln und nacheinander in edelsüßem Paprikapulver, Curry und fein gehackten Kräutern wälzen.

# TOMATEN-BRUSCHETTI

sommerleicht, aromatisch

**FÜR 2 PERSONEN**

2–3 reife Tomaten
(etwa 200 g)
1/2 Bund Basilikum
2 große Scheiben kräftiges Bauernbrot
(à etwa 60 g)
2 TL kaltgepresstes Olivenöl
Salz
schwarzer Pfeffer aus der Mühle

**ZUBEREITUNGSZEIT:
20 MIN.**

TOMATEN überbrühen, enthäuten und entkernen. Das Fruchtfleisch grob hacken und in einem Sieb abtropfen lassen.

BASILIKUM waschen, trockenschütteln, die Blätter von den Stielen zupfen, in feine Streifen schneiden und unter die Tomaten mischen.

BROTSCHEIBEN halbieren, im Toaster oder unter dem Backofen-Grill von beiden Seiten 5 Min. anrösten. Die gerösteten Brotscheiben mit je 1 TL Olivenöl beträufeln. Die Tomaten leicht salzen, mit Pfeffer aus der Mühle würzen und auf den Brotscheiben verstreichen. Die Bruschetti sofort servieren.

*Pro Portion etwa: 4 g EW/ 5 g F/ 19 g KH/ 134 kcal*

# HARZER MIT RADIESCHEN

raffiniert, schnell

RADIESCHEN putzen, waschen und grob klein schneiden. Mit dem Zitronensaft, Essig, Salz, Pfeffer und Olivenöl in den Mixer geben und kurz auf höchster Stufe aufschlagen, bis die Radieschen gehackt sind. Dabei aufpassen, dass sie nicht musig werden!

HARZER Käse in dünne Scheiben schneiden. Die Käsescheiben mit der Radieschen-Marinade vermischen und auf Tellern anrichten. Die Schnittlauchröllchen darüber streuen.

*Pro Portion etwa: 23 g E/ 7 g F/ 1 g KH/ 161 kcal*

**FÜR 2 PERSONEN**

1/2 Bund Radieschen
2 TL Zitronensaft
1 EL Weißweinessig
Salz
schwarzer Pfeffer
1 EL Olivenöl
150 g Harzer Käse
1 EL Schnittlauchröllchen

**ZUBEREITUNGSZEIT:
15 MIN.**

# BUTTERMILCH-PLINSEN

reich an B-Vitaminen, kernig

BUTTERMILCH und das Ei in einer Schüssel kräftig verrühren. Das Buchweizen- und Weizenmehl mit dem Backpulver und 1 TL Salz vermischen. Die Mischung mit dem Schneebesen nach und nach unter die Buttermilch schlagen. Den Teig abgedeckt beiseite stellen und 30 Min. quellen lassen.

FÜR die Plinsen eine große beschichtete Pfanne mit 1 TL Öl einstreichen und erhitzen. 1–2 EL Teig in die Pfanne geben und bei mittlerer Hitze darin in 3 Min. goldbraun braten. Die Plinse wenden und von der anderen Seite noch 1 Min. backen. Die Plinse aus der Pfanne nehmen und warm stellen. Aus dem restlichen Teig nacheinander mit dem übrigen Öl 8 kleine Pfannkuchen backen.

JOGHURT und die saure Sahne verrühren. Die Kresse abschneiden und abbrausen. Die Plinsen mit je 1 Klecks Joghurtcreme anrichten und mit der Kresse bestreuen.

TIPP: Falls der Teig zu zäh ist, zusätzlich noch etwas Wasser dazugeben.

*Pro Portion etwa: 13 g EW/ 12 g F/ 42 g KH/ 328 kcal*

## FÜR 2 PERSONEN

125 ml Buttermilch
1 Ei
65 g Buchweizenmehl
40 g Weizenmehl
(Type 550)
1/2 TL Backpulver
Salz
2 TL Öl
75 g Joghurt (1,5 % Fett)
50 g saure Sahne
(10 % Fett)
1/4 Kästchen Kresse

ZUBEREITUNGSZEIT:
20 MIN.
QUELLZEIT: 30 MIN.

*ZUM VERFEINERN:
Die Plinsen zusätzlich mit 50 g Lachskaviar anrichten oder mit dünnen Scheiben geräuchertem Wildlachs belegen.*

---

# TIPP

**Buttermilch liefert Eiweiß ohne Fett – ist deshalb ein Jungbrunnen für jede Körperzelle. Auch der leicht moussierende, säuerlich aromatische Kefir – das Getränk der Hundertjährigen – gehört in die Forever-Young-Küche. Wechseln Sie ab mit Molke, Sauer- oder Sojamilch.**

# FORELLENTATAR AUF CHICORÉE

leicht, für Gäste

CHICORÉE in 8 schöne Blätter zerlegen, diese waschen, putzen und abtropfen lassen. Den Feldsalat waschen, putzen, verlesen und abtropfen lassen. Das Forellenfilet enthäuten, abbrausen, trockentupfen und in sehr feine Würfel schneiden. Mit 1 EL Zitronensaft beträufeln. Die Schalotte schälen, sehr klein hacken und auf den Fisch streuen. Die Basilikumblätter von den Stielen zupfen, abreiben und einige Blätter zur Dekoration beiseite legen. Die übrigen Blätter in feine Streifen schneiden und dazugeben. Die Schalotten und Basilikumstreifen unter den Fisch mischen, alles salzen und pfeffern.

TOMATE vom Stielansatz befreien, überbrühen, enthäuten, halbieren und entkernen. Das Fruchtfleisch in kleine Würfel schneiden und zu der Forellenmischung geben.

FÜR die Marinade den übrigen Zitronensaft mit Salz und Pfeffer kräftig verrühren, das Olivenöl unterschlagen. Die Marinade mit dem Forellentatar vermischen. Das Tatar in die Chicoréeblätter füllen, mit dem Feldsalat auf einer großen Platte oder auf Tellern ringförmig anrichten. Mit dem übrigen Basilikum garnieren.

TIPP: Das Tatar schmeckt als Vorspeise oder bei der Stehparty zu einem Glas Champagner. Dazu passt geröstetes Vollkorn-Toastbrot, hauchdünn mit Knoblauchbutter bestrichen.

*Pro Portion etwa: 27 g E/ 18 g F/ 7 g KH/ 355 kcal*

## TIPP

**Chicorée ist eine Investition in die Gesundheit. Die leicht bitteren Gourmet-Sprossen schwemmen müde machende Schwermetalle aus dem Darm, senken den Cholesterinspiegel, beugen Arterienverkalkung vor und schützen somit das Herz, regen die Verdauung an und verwandeln die Darmflora in einen Schutzwall gegen Allergene und Krankheitserreger.**

### FÜR 2 PERSONEN

1 Chicorée (etwa 200 g)

50 g Feldsalat

200 g ganz frisches Lachsforellenfilet

Saft von 1/2 Zitrone

1 kleine Schalotte

3 Zweige Basilikum

Salz

schwarzer Pfeffer aus der Mühle

1 Fleischtomate

2 EL kaltgepresstes Olivenöl

### ZUBEREITUNGSZEIT: 30 MIN.

*ASIATISCHE VARIANTE:
Die Zitrone durch 1 Limette und die Schalotte durch 1 Frühlingszwiebel ersetzen. Statt Basilikum 1/2 Bund frisch gehackten Koriander verwenden und die Mischung mit 1 TL Sojasauce abschmecken.*

## SHRIMPSCOCKTAIL

asiatisch, raffiniert

**FÜR 2 PERSONEN**

1 kleine Möhre
1 Stange Staudensellerie
2 Frühlingszwiebeln
50 g Sojasprossen
100 g gegarte geschälte
Tiefseegarnelen
1 EL Reisessig
2 TL Zitronensaft
2 TL Sojasauce
Salz
schwarzer Pfeffer
2 EL Sojaöl
2 große Blätter Kopfsalat

**ZUBEREITUNGSZEIT:
20 MIN.**

MÖHRE putzen, schälen und in sehr feine, kurze Streifen schneiden. Den Staudensellerie putzen, waschen und in dünne Scheibchen schneiden. Die Frühlingszwiebeln waschen, putzen und nur das Weiße und Hellgrüne in feine Ringe schneiden. Die Sprossen kurz überbrühen, abgießen und abtropfen lassen. Die Garnelen abbrausen und ebenfalls abtropfen lassen.

FÜR das Dressing den Reisessig mit dem Zitronensaft, der Sojasauce, Salz, Pfeffer und Öl verrühren. Die Möhren, den Staudensellerie, die Frühlingszwiebeln, die Sprossen und die Garnelen mit dem Dressing locker vermischen.

SALATBLÄTTER waschen, putzen, trockenschütteln und auf Tellern anrichten. Den Shrimpscocktail auf den Salatblättern verteilen.

*Pro Portion etwa: 11 g E/ 6 g F/ 4 g KH/ 111 kcal*

## KABELJAU-LACHS-CARPACCIO

schnell, für Gäste

LIMETTENSAFT mit dem Senf, dem Honig, Salz, Pfeffer und Öl verrühren. Den Dill abbrausen, trockenschütteln, bis auf einige Zweige hacken und untermischen. Zwei große Teller mit etwas Marinade einstreichen.

LACHS- und Kabeljaufilet waschen, trockentupfen und in sehr dünne Scheiben schneiden. Die Scheiben abwechselnd überlappend auf den Tellern anrichten. Mit der übrigen Marinade beträufeln und mit Pfeffer aus der Mühle übermahlen. Mit den übrigen Dillzweigen garnieren.

*Pro Portion etwa: 28 g E/ 20 g F/ 2 g KH/ 301 kcal*

**FÜR 2 PERSONEN**

Saft von 1/2 Limette
1/2 TL Dijon-Senf
1/2 TL Honig
Salz
schwarzer Pfeffer aus der
Mühle
2 EL Öl
1/2 Bund Dill
150 g Lachsfilet
(ohne Haut)
150 g Kabeljaufilet

**ZUBEREITUNGSZEIT:
20 MIN.**

# MATJES MIT ERBSEN-CREME

einfach, delikat

TOASTBROT in kleine Würfel schneiden. Die Butter in einer Pfanne zerlassen. Die Brotwürfel darin bei mittlerer Hitze rundherum goldbraun braten und zum Abkühlen beiseite stellen.

SCHALOTTE schälen und in sehr feine Würfel schneiden. Das Öl in einem kleinen Topf erhitzen, die Schalottenwürfel darin glasig dünsten. Mit dem Gemüsefond ablöschen. Die Erbsen dazugeben und zugedeckt bei mittlerer Hitze 5 Min. kochen.

DEN Topf mit den Erbsen beiseite stellen und die Erbsen mit dem Pürierstab fein pürieren. Mit Salz, Pfeffer und dem Zitronensaft abschmecken. Das Erbsenpüree etwas abkühlen lassen. Den Joghurt dazugeben und unterschlagen.

MATJESFILETS mit der Erbsencreme auf zwei Tellern anrichten. Die Kresse abbrausen und abschneiden. Die Kresse mit den Croûtons darüber streuen. Dazu passt Vollkorn-Toastbrot.

*Pro Portion etwa: 21 g E/ 32 g F/ 10 g KH/ 417 kcal*

## FÜR 2 PERSONEN

1/2 Scheibe Vollkorn-Toastbrot
1/2 TL Butter
1 Schalotte
2 TL Öl
50 ml Gemüsefond (Glas)
75 g tiefgekühlte Erbsen
Salz
schwarzer Pfeffer aus der Mühle
1 TL Zitronensaft
75 g Joghurt (1,5 % Fett)
2 Matjesfilets
1/2 Kästchen Kresse

## ZUBEREITUNGSZEIT: 25 MIN.

*SERVIER-VARIANTE:*
*Matjes sind im Juni und Juli besonders zart und delikat. Kombiniert mit Pellkartoffeln sind sie eine komplette Mahlzeit.*

## TIPP

Schlank, jung und fit sein, das klappt mit Fisch! Davon kann Ihr Körper nicht genug bekommen. Matjes liefert Eiweiß für mehr Jugend, Jod für mehr Energie, und seine Omega-3-Fettsäuren stellen den ganzen Körper auf gesund sein ein, weil mehr »gute« Eicosanoide gebildet werden.

# FOREVER-YOUNG-DRINK

vitalstoffreich, für jeden Tag

TOMATEN mit kochend heißem Wasser überbrühen, kalt abschrecken, enthäuten, vierteln und entkernen. Die Tomaten von den Stielansätzen befreien und klein hacken. Die Papaya schälen und die Kerne mit einem Teelöffel herausschaben. Das Fruchtfleisch in Würfel schneiden. Die Möhre putzen, schälen und fein raspeln. Die Tomatenstückchen und Papayawürfel sowie die Möhrenraspel in den Mixer geben.

ORANGEN- und Zitronensaft auspressen und dazugießen. Den Deckel auflegen und alles 15 Sek. gründlich pürieren. Das Eiweißpulver, das Olivenöl, den Apfeldicksaft und die Ascorbinsäure dazugeben und nochmals kräftig durchmixen.

EISWÜRFEL auf zwei hohe Gläser verteilen, die Mischung über die Eiswürfel gießen. Die Zitronenscheiben bis zur Mitte einschneiden. Je 1 Zitronenscheibe an den Glasrand stecken. Die Zitronenmelisse abbrausen und trockenschütteln. Die Drinks mit je 1 Zweig garnieren.

TIPP: Wer mag, kann den Drink mit einem dicken Trinkhalm servieren.

*Pro Drink etwa: 27 g E/ 3 g F/ 47 g KH/ 282 kcal*

## TIPP

**Jugend aus dem Mixer: Tomaten schützen und festigen mit ihren Lykopenen die Körperzellen und bewahren vor dem frühzeitigen Altern. Die Enzyme aus der Papaya sorgen dafür, dass das Eiweiß auch zur Körperzelle gelangt und somit auch für Jugend, sprich Aufbau- oder Reparaturarbeiten zur Verfügung steht. Zitrusfrüchte spenden ihr Forever-Young-Vitamin C und Olivenöl das Vitamin F, die essentiellen Fettsäuren.**

**FÜR 2 PERSONEN**

2 Tomaten
1/2 reife Papaya
(etwa 175 g)
1 kleine Möhre
2 1/2 Orangen
1 Zitrone
4 EL Eiweißpulver
1 TL kaltgepresstes
Olivenöl
2 TL Apfeldicksaft
1 Msp. Ascorbinsäure
(Apotheke)
6 Eiswürfel
2 Zitronenscheiben
2 Zweige Zitronenmelisse

**ZUBEREITUNGSZEIT:
15 MIN.**

*ZUM MITNEHMEN:*
*Den Obst-Drink in einen*
*großen Becher mit einem*
*gut schließenden Deckel*
*füllen und kalt stellen. Vor*
*dem Verzehr nochmal sha-*
*ken und mit einem dicken*
*Trinkhalm genießen.*

# BANANEN-QUARK-SHAKE

für gute Laune, gegen Stress

**FÜR 2 PERSONEN**

1 reife Banane
(etwa 150 g)
1 unbehandelte Zitrone
2 TL Sanddornmark mit
Honig (Reformhaus)
75 g Magerquark
1/4 l Sojamilch
4 EL Eiweißpulver
4 Eiswürfel
2 kleine Holzspieße
Trinkhalme

**ZUBEREITUNGSZEIT:
10 MIN.**

BANANE schälen, 4 Scheiben abschneiden und zum Garnieren beiseite legen. Die übrige Banane grob zerkleinern und in den Mixer geben.

ZITRONE heiß waschen, abtrocknen, 2 Stück Schale spiralförmig abschälen und beiseite legen. 2 EL Zitronensaft auspressen, mit dem Sanddornmark, Quark und 1/8 l Sojamilch zur Banane geben. Alles 15 Sek. pürieren.

EIWEISSPULVER und die restliche Sojamilch hinzufügen. Alles nochmals 10 Sek. kräftig durchmixen. Die Eiswürfel auf zwei Gläser verteilen und den Shake darüber gießen.

BANANENSCHEIBEN auf die Holzspieße stecken und jeweils über den Glasrand legen. Die Drinks mit der Zitronenschale garnieren und mit Trinkhalmen servieren.

*Pro Drink etwa: 33 g E/ 3 g F/ 23 g KH/ 237 kcal*

# ACE-POWER-DRINK
Muntermacher, für morgens

MANGO schälen, in dünne Spalten schneiden und bis auf 2 schöne Scheiben würfeln. Die Mangowürfel in den Mixer geben. Den Saft der Limette und Orange auspressen. Mit dem Honig und der Hälfte des Möhrensafts dazugeben und alles fein pürieren.

EIWEISSPULVER, Rapsöl und den übrigen Möhrensaft hinzufügen. Den Drink nochmals auf höchster Stufe kräftig durchmixen.

DEN Power-Drink in zwei hohe Gläser gießen. Die Mangospalten etwas einschneiden und jeweils an den Glasrand stecken. Den Drink sofort servieren.

*Pro Drink etwa: 25 g E/ 3 g F/ 24 g KH/ 220 kcal*

**FÜR 2 PERSONEN**

1/2 reife Mango ohne
Stein (etwa 200 g)
1 Limette
1 Orange
2 TL flüssiger Honig
150 ml Möhrensaft
4 EL Eiweißpulver
1 TL Rapsöl

**ZUBEREITUNGSZEIT:
10 MIN.**

*ZUM VARIIEREN:
Anstatt Mango frische reife
Aprikosen verwenden und
diese mit etwas Zitronen-
melisse pürieren.*

# BEEREN-MOLKE-MIX
## abwehrstärkend, erfrischend

BEEREN in einem Sieb kurz abbrausen und abtropfen lassen. Von den roten Johannisbeeren zwei schöne Rispen zum Garnieren beiseite legen. Die übrigen Beeren verlesen, eventuell von den Stielansätzen befreien oder die Beeren von den Rispen streifen und in den Mixer geben.

MINZEBLÄTTER, den Zitronensaft, den Ahornsirup und den Grapefruitsaft ebenfalls in den Mixer geben. Den Deckel auflegen und alles 15 Sek. fein pürieren. Das Eiweißpulver und die kalte Molke hinzufügen und alles nochmals auf höchster Stufe kräftig durchmixen.

EISWÜRFEL in zwei große Longdrinkgläser geben. Den Mix über die Eiswürfel gießen. Je 1 Johannisbeerrispe über den Glasrand hängen. Den Drink sofort mit Trinkhalmen servieren.

TIPP: Das Obst erst kurz vor dem Mixen klein schneiden, das schont die Vitamine. Das Eiweißpulver bekommen Sie in der Apotheke.

*Pro Drink etwa: 25 g E/ 1 g F/ 44 g KH/ 215 kcal*

### FÜR 2 PERSONEN

150 g gemischte Beeren
(Erdbeeren, rote Johannisbeeren, Himbeeren,
Heidelbeeren)
4 Minzeblätter
2 TL Zitronensaft
4 TL Ahornsirup
50 ml Grapefruitsaft
4 EL Eiweißpulver
1/4 l kalte Trinkmolke
6 Eiswürfel
Trinkhalme

### ZUBEREITUNGSZEIT:
### 10 MIN.

*SERVIER-VARIANTE:*
*Eiskalt schmeckt der Drink am besten. Deshalb die Früchte und Molke im Kühlschrank gut vorkühlen lassen. Den Drink nach Belieben mit frischer Minze garnieren.*

## TIPP

**Sie sind so jung wie Ihr Immunsystem – unterstützen Sie es mit Beeren. Die kleinen »Naturpillen« liefern Vitamin C und viele entzündungshemmende, antibakterielle sekundäre Pflanzenstoffe. »Ernten« Sie zwischendurch auch aus der Tiefkühltruhe: Eis konserviert die Vitalstoffe.**

# TOMATEN-KRÄUTER-COCKTAIL

### belebend, beruhigend

**FÜR 2 PERSONEN**

2 reife Eiertomaten
2 Zweige Petersilie
1 Hand voll Kerbel
1 EL Zitronensaft
1/2 TL flüssiger Honig
50 g Gemüsefond (Glas)
1/4 l kalter Gemüsesaft
4 EL Eiweißpulver
Kräutersalz
schwarzer Pfeffer
6 Eiswürfel
Trinkhalme

**ZUBEREITUNGSZEIT:
10 MIN.**

TOMATEN waschen und die Stielansätze entfernen. Nach Belieben von 1 Tomate 2 schöne Scheiben abschneiden und zum Garnieren beiseite legen. Die übrigen Tomaten in Viertel schneiden, die Viertel in kleine Würfel schneiden. Die Tomatenwürfel in den Mixer geben.

PETERSILIE und Kerbel waschen und trockenschütteln, einige Blätter zum Garnieren beiseite legen und den Rest fein hacken. Petersilie und Kerbel mit dem Zitronensaft, dem Honig, dem Gemüsefond und der Hälfte vom Gemüsesaft in den Mixer geben. Alles 15 Sek. fein pürieren.

EIWEISSPULVER und den übrigen Gemüsesaft hinzufügen, alles nochmals kurz und kräftig durchmixen. Mit Kräutersalz und Pfeffer abschmecken.

EISWÜRFEL auf zwei große Gläser verteilen, den Cocktail darüber gießen. Die beiseite gelegten Tomatenscheiben etwas einschneiden und jeweils an den Glasrand stecken. Mit Petersilie und Kerbel garnieren und mit Trinkhalmen servieren.

*Pro Drink etwa: 25 g E/ 1 g F/ 9 g KH/ 146 kcal*

*SCHARFE VARIANTE:
1–2 frische rote Chilischoten winzig klein würfeln, mit Tomaten und Kräutern im Mixer pürieren. Den Tomatensaft durch Sangrita, einen pikanten Tomatensaft, ersetzen und den Drink tropfenweise mit Tabasco feurig abschmecken.*

# SPINAT-BASILIKUM-KEFIR

**Schlankheitstrunk, Fitmacher**

### FÜR 2 PERSONEN

75 g zarter Spinat
1/2 Bund Basilikum
2 TL Zitronensaft
50 g Joghurt (1,5 % Fett)
250 g Kefir (1,5 % Fett)
4 EL Eiweißpulver
1 TL Olivenöl
Meersalz
schwarzer Pfeffer
frisch geriebene
Muskatnuss
6 Eiswürfel

### ZUBEREITUNGSZEIT:
### 10 MIN.

SPINAT gründlich waschen, verlesen und dabei die harten Stängel entfernen. 6 schöne Blätter zum Garnieren beiseite legen, den übrigen Spinat hacken. Die Basilikumblätter von den Stielen zupfen, abreiben und in Streifen schneiden. Den Spinat und das Basilikum in den Mixer geben. Den Zitronensaft, den Joghurt und die Hälfte des Kefirs dazugeben. Alles 15 Sek. pürieren.

EIWEISSPULVER, den übrigen Kefir und das Olivenöl dazugeben. Mit Salz, Pfeffer und Muskat würzen. Den Deckel auflegen und alles nochmals auf höchster Stufe kräftig durchmixen.

EISWÜRFEL auf zwei Longdrinkgläser verteilen und den Drink darüber gießen. Zum Garnieren je 3 Spinatblätter auf 2 kleine Holzspieße stecken und jeweils über den Glasrand legen. Die Drinks mit Trinkhalmen servieren.

TIPP: Den Joghurt durch Feta (Schafkäse) ersetzen, dann aber nur sparsam mit Salz würzen.

*Pro Drink etwa: 30 g E/ 5 g F/ 8 g KH/ 211 kcal*

*GURKEN-MINZE-LASSI:*
*Statt Spinat und Basilikum*
*75 g Gurkenwürfel und*
*4 Minzeblätter mit etwas*
*Zitronensaft, 100 ml Mine-*
*ralwasser, 300 g mildem*
*Joghurt (1,5 % Fett) und*
*4 EL Eiweißpulver im Mixer*
*pürieren, bis die Ober-*
*fläche schaumig wird. Den*
*Drink mit Salz und 1/2 TL*
*Honig abschmecken, mit*
*Gurkenscheiben und fri-*
*scher Minze garnieren.*

**FLOCKEN-JOGHURT**

*2 EL Joghurt (1,5 % Fett) mit 2 TL Akazienhonig und 2 EL Vollkorn-Haferflocken verrühren.*

**KEKS-SCHMANKERL**

*1 gehäuften TL Magerquark (10 % Fett) auf 1 Vollkorn-Keks streichen. 1/2 getrocknete Aprikose in Streifen schneiden und darauf verteilen.*

**SIRUP-KEFIR**

*50 g fettarmer Kefir (1,5 % Fett) mit 1 TL Ahornsirup und 1 EL Vollkorn-Schmelzflocken verquirlen.*

# BETTHUPFERL

**Oma hat Recht**

SELIG macht (nachts) nur das Betthupferl. Es vollbringt kleine Wunder. Es lockt Hormone, die Sie wie ein Kind schlummern lassen, Sie verjüngen und schlank machen. Interessiert Sie der wissenschaftliche Hintergrund? In Ihrem Gehirn wacht ein geheimnisvoller Schlafstoff, Forscher nennen ihn »Deta-Sleep-Inducing-Peptid«, kurz »DSIP«. Und dieser leitet zusammen mit dem Gute-Nacht-Hormon Melatonin den Schlaf ein. Er holt Sie aus dem Grübeln, Ärger, Herumwälzen oder Frust ganz sanft in das Land der Träume. Sie müssen also nur dafür sorgen, dass Sie genug DSIP haben. P steht für Peptid und Peptid heißt soviel wie Eiweiß. Heben Sie tagsüber Ihren Eiweißspiegel im Blut an, und nehmen Sie abends, kurz vor dem Schlafengehen, ein Betthupferl: etwas Eiweiß und dazu Kohlenhydrate, also etwas Süßes. Auf diese Kombination reagiert Ihr Gehirn mit Glück, mit Frieden, mit wohltuender Ruhe. Fachleute nennen den Schlaf-Cocktail: Serotonin, Endorphine, DSIP und Melatonin. Ganz nebenbei schlafen Sie sich auch noch jung. Das Betthupferl kurbelt 30 Minuten später, im ersten Tiefschlaf, die Produktion des Wachstumshormons an. Das Hormon, das die Lebensuhr zurückdreht, jede Zelle verjüngt, Fett ab- und Muskeln aufbaut, die Haut strafft und Falten wegzaubert.

**KLEIE-BUTTERMILCH**

*50 g Buttermilch mit 1 TL Birnendicksaft und 1 EL Weizen-Vollkornkleie vermischen.*

**JEWEILS FÜR 1 PERSON**

### PUMPERNICKEL-PRALINE

*1 TL Dickmilch (3,5 % Fett) auf*
*1 Pumpernickeltaler streichen.*
*Mit etwas Rübenkraut graffiti-*
*artig beträufeln.*

### KNUSPER-JOGHURT

*1 EL Amaranth in einer trocke-*
*nen Pfanne goldbraun rösten,*
*bis er anfängt zu springen. Mit*
*1 TL Honig verrühren, ab-*
*kühlen lassen. Auf 2 EL Jo-*
*ghurt (1,5 % Fett) verteilen.*

### KNÄCKEBRÖTCHEN MIT QUARK

*1 EL Quarkzubereitung (0,2 %*
*Fett) mit 1 TL Apfeldicksaft ver-*
*rühren. Auf 1 Knäckebrötchen*
*verteilen.*

**JEWEILS FÜR 1 PERSON**

Die Betthupferl haben höchstens
100 kcal und maximal 1 g Fett.

### PFLAUMEN-FRISCHKÄSE

*1 entsteinte Backpflaume klein wür-*
*feln. Mit 1 EL Milch (1,5 % Fett) und*
*1 EL körnigem Frischkäse verrühren.*
*2 TL Vollkorn-Weizenflocken in*
*einer trockenen Pfanne goldbraun*
*rösten und darüber streuen.*

### SCHOKO-MILCH

*100 ml Milch (1,5 % Fett) mit 2 TL*
*fein geriebener Bitterschokolade*
*(mindestens 70 % Kakaoanteil) und*
*1 EL Vollkorn-Schmelzflocken ver-*
*rühren und lauwarm erwärmen.*

# Salate, Suppen und Saucen

VORBEI sind die Zeiten, in denen dicke Mayonnaise-Saucen pure Langeweile in der Schüssel erstickten. Heute macht die Vielfalt auf dem Gemüsemarkt Salat zum Gourmet-Ereignis: nussiger Rucola, aromatische Rapunzel-Blättchen, Lollo rosso, Eichblatt ... dazu kleine süße Kirschtomaten oder kräftige Linsen. Greifen Sie nach Belieben zu. Auch mit Früchten, Fisch, Geflügel oder Wild dürfen Sie kombinieren.

DAS Dressing mit Kräutern und feinen Ölen lässt verwöhnte Geschmackspapillen jubeln. Übrigens genauso wie die Suppen ab Seite 76. Die haben nämlich im Gegensatz zu den Tüten aus der Fabrik wirklich das Huhn oder die Tomate gesehen. Egal, ob Safranreis-Bouillon oder Sauerkrautsuppe mit Seeteufel, unsere Rezepte sind kulinarische Freuden für jeden Suppenkasper. Auch die Saucen lassen wir Sauce sein – leicht, würzig, edel verwöhnen sie Ihren Gaumen, ohne das Hüft-Konto zu belasten. Und natürlich ist ihr Ursprung mediterran, weil sie das Leben nicht nur verschönern, sondern auch verlängern sollen. Auf Seite 82 finden Sie eine Tomatensauce, bei der es sich lohnt, sie auf Vorrat zu kochen. Für die Forever-Young-Vinaigrette am Ende des Kapitels gilt das genauso.

# SALATHERZ MIT AVOCADOSAUCE
im Trend, knackig-frisch

**FÜR 2 PERSONEN**

2 Salatherzen
2 EL Zitronensaft
1/2 TL Honig
Salz
schwarzer Pfeffer aus der Mühle
1 EL Sonnenblumenöl
1/2 reife Avocado
75 g Joghurt (0,3 % Fett)
1 TL geriebener Meerrettich
1/4 Kästchen Kresse

**ZUBEREITUNGSZEIT: 15 MIN.**

SALATHERZEN waschen, trockenschütteln, längs halbieren und dabei den Strunk entfernen. Für die Marinade 1 EL Zitronensaft mit dem Honig, Salz, Pfeffer und Sonnenblumenöl verquirlen. Den Salat auf zwei Tellern anrichten und mit der Marinade beträufeln.

AVOCADO entsteinen, das Fruchtfleisch aus der Schale lösen, sofort mit dem übrigen Zitronensaft beträufeln und mit dem Pürierstab fein pürieren. Den Joghurt und den Meerrettich unterheben, mit Salz und Pfeffer abschmecken. Die Sauce über den Salat ziehen. Die Kresse abbrausen, abschneiden und über die Avocado-Sauce streuen.

*Pro Portion etwa: 4 g E/ 20 g F/ 6 g KH/ 218 kcal*

# LINSEN-FELDSALAT
raffiniert, ganz einfach

BRÜHE aufkochen, die Linsen darin zugedeckt in 30 Min. garen.

FRÜHLINGSZWIEBEL waschen, putzen und klein schneiden. Das Apfelviertel ungeschält fein würfeln und sofort mit 1 TL Zitronensaft beträufeln. Feldsalat waschen, putzen und abtropfen lassen. Übrigen Zitronensaft, Senf, Honig, Salz, Pfeffer, Walnuss- und Pflanzenöl verquirlen. Den Feldsalat darin wenden und anrichten.

FRÜHLINGSZWIEBELN und Apfelwürfel unter die Linsen mischen, salzen und pfeffern. Die Linsen auf dem Feldsalat verteilen und mit Schnittlauchröllchen bestreuen.

*Pro Portion etwa: 10 g E/ 11 g F/ 27 g KH/ 238 kcal*

**FÜR 2 PERSONEN**

150 ml Gemüsebrühe
75 g grüne Le-Puy-Linsen
1 Frühlingszwiebel
1/4 grüner Apfel
3 TL Zitronensaft
75 g Feldsalat
1/2 TL Senf
1/2 TL Honig
Salz, schwarzer Pfeffer
1 EL Walnussöl
1 EL Pflanzenöl
1 EL Schnittlauchröllchen

**ZUBEREITUNGSZEIT: 35 MIN.**

# SPARGELSALAT MIT KERBEL
## frühlingshaft, für Gäste

SPARGEL nur im unteren Drittel schälen, schräg in 4–5 cm lange Stücke schneiden und in kochendem Salzwasser in 10 Min. garen. Den Spargel in einem Sieb abtropfen lassen.

ZUCKERSCHOTEN waschen und putzen. Den Kohlrabi schälen, vierteln und in dünne Scheiben schneiden. Die Frühlingszwiebeln waschen, putzen, nur das Weiße und Hellgrüne in sehr feine Ringe schneiden.

GEMÜSEFOND in einem Topf zum Kochen bringen, die Zuckerschoten, den Kohlrabi und die Frühlingszwiebeln darin 3 Min. dünsten. Den Essig dazugeben, mit Salz und Pfeffer würzen. Den Spargel untermischen.

KERBEL abbrausen, trockenschütteln und die Blätter von den Stielen zupfen. 6–7 Blätter beiseite legen und restlichen Kerbel hacken. Mit 2 EL Spargelkochwasser und dem Olivenöl pürieren. Das Kerbelpüree unter den Spargelsalat mischen und 15 Min. ziehen lassen. Den Spargelsalat auf Tellern anrichten und mit dem übrigen Kerbel bestreuen und servieren.

*Pro Portion etwa: 15 g E/ 6 g F/ 19 g KH/ 165 kcal*

### FÜR 2 PERSONEN

250 g grüner Spargel
Salz
100 g Zuckerschoten
1 zarter Kohlrabi
2 Frühlingszwiebeln
75 ml Gemüsefond (Glas)
1 EL Weißweinessig
schwarzer Pfeffer
1 Hand voll Kerbel
1 EL Olivenöl

ZUBEREITUNGSZEIT: 30 MIN.
KÜHLZEIT: 15 MIN.

*GEHALTVOLLER:*
*Die Hälfte des Spargels durch 200 g kleine neue Kartoffeln ersetzen. Die Kartoffeln mit Schale in Salzwasser gar kochen, pellen und noch warm in Scheiben schneiden und unter den Salat mischen.*

# TIPP

**Schon Goethe beschrieb die harmonisierende, ausgleichende Wirkung der Farbe Grün. Nach jedem Winter sehnen wir uns nach etwas Grünem. Nach einem stressigen Tag auch. Dann tanken Sie Harmonie, Frische und Leben mit grünen Blattsalaten, grünem Spargel, grünen Kräutern.**

SALATE, SUPPEN UND SAUCEN

# FOREVER-YOUNG-SALAT
### kunterbunt, sommerlich

PINIENKERNE in einer trockenen Pfanne rundherum goldbraun rösten. Aus der Pfanne nehmen, beiseite stellen und abkühlen lassen. Die Blattsalate putzen, wenn nötig entstielen, waschen, trockenschleudern und nach Belieben in mundgerechte Stücke zerpflücken.

TOMATEN waschen und ohne die Stielansätze halbieren. Die Gurke schälen, längs halbieren, mit einem Löffel entkernen und die Hälften in dünne Scheiben schneiden. Die Paprikahälften von Stielansatz, Trennwänden und Kernen befreien, waschen und in sehr kleine Würfel schneiden. Die Frühlingszwiebeln putzen und waschen, nur das Weiße und Hellgrüne schräg in feine Ringe schneiden. Die weiße Zwiebel schälen, halbieren und in dünne Halbringe schneiden.

KNOBLAUCH schälen und eine große Schüssel damit ausreiben. In der Schüssel den Rotweinessig mit Senf, Salz und Pfeffer verquirlen. Das Olivenöl nach und nach mit dem Schneebesen unterschlagen, bis die Sauce dickcremig ist. Die Pinienkerne, Blattsalate, Tomaten, Gurken, Paprika, Frühlingszwiebeln und Zwiebeln mit der Vinaigrette vermischen. Den Salat anrichten und sofort servieren.

TIPP: Der Salat kann mit frischem Vollkorn-Baguette entweder eine ganze Mahlzeit, eine Vorspeise für 4 Personen oder auch eine Beilage zu kurz gebratenem Fleisch oder Fisch sein.

*Pro Portion etwa: 5 g E/ 17 g F/ 12 g KH/ 216 kcal*

## TIPP

**Eine Stunde braucht die Autorin Hera Lind, um jeden Abend ihre große Schüssel Salat zu essen. Machen Sie es ihr nach. Essen Sie täglich eine Riesenschüssel Salat. Denn Salat ist das Geheimnis der Erfolgreichen. Er belastet nicht, verwöhnt 70 Billionen Körperzellen mit Vitalstoffen, entgiftet den Darm durch Ballaststoffe, hält lange satt und schlank. Vergessen Sie nicht ein paar Nüsse, Samen oder Kerne darüber zu streuen, damit die B-Vitamine und Omega-3-Fettsäuren nicht zu kurz kommen.**

### FÜR 2 PERSONEN

1 EL Pinienkerne
200 g gemischte Blattsalate (Kopfsalat, Romana, Lollo rosso, Eichblatt, Rucola)
100 g Kirschtomaten
1/2 kleine feste Gurke
je 1/2 kleine rote, gelbe und grüne Paprikaschote
2 Frühlingszwiebeln
1 kleine weiße Zwiebel
1/2 Knoblauchzehe
1 EL Rotweinessig
1/2 TL Dijon-Senf
Salz
schwarzer Pfeffer
2 EL Olivenöl

### ZUBEREITUNGSZEIT: 30 MIN.

*KRAUTWÜRZIGE VARIANTE:*
*Forever-Young-Salat schmeckt mit allen Kräutern, die der Garten bietet: Petersilie, Schnittlauch, Dill, aber auch mit gehackten Estragonblättern, jungem Löwenzahn und Pimpernelle.*

# EICHBLATTSALAT MIT REHFILET

### raffiniert, für Gäste

**FÜR 2 PERSONEN**

1/2 roter Eichblattsalat
125 g blaue Weintrauben
1 Schalotte
1 kleine Knoblauchzehe
100 g Reh- oder
Hirschkalbfilet
Salz
schwarzer Pfeffer aus der
Mühle
2 TL EL Öl
1 EL Himbeeressig
50 ml trockener Cidre
2 TL Honig
2 Zweige Estragon
1 EL gehackte Walnüsse

**ZUBEREITUNGSZEIT:**
**30 MIN.**

SALAT putzen, waschen, trockenschleudern und in mundgerechte Stücke zerpflücken. Die Trauben waschen, von den Stielen zupfen, halbieren und eventuell entkernen. Die Schalotte schälen und in feine Würfel schneiden. Den Knoblauch schälen.

REH- oder Hirschkalbfilet waschen, mit Küchenpapier trockentupfen und rundum mit Salz und Pfeffer einreiben. Das Öl in einer Pfanne erhitzen und das Filet darin bei starker Hitze rundherum scharf anbraten. Die Temperatur reduzieren und das Filet 5 Min. bei mittlerer Hitze weiter braten. Das Fleisch aus der Pfanne nehmen und warm halten.

FÜR das Dressing die Schalottenwürfel in die Pfanne geben. Den Knoblauch durch die Presse dazudrücken und beides glasig dünsten. Den Himbeeressig und den Cidre angießen, den Bratensatz unter ständigem Rühren loskochen. Den Honig einrühren und aufkochen lassen. Das Dressing mit Salz und Pfeffer würzen. Den Estragon waschen, trockenschütteln, die Blätter von den Stielen zupfen und mit den Trauben dazugeben. Die Pfanne beiseite stellen.

EICHBLATTSALAT auf Tellern anrichten. Das Filet schräg in Scheiben schneiden, auf dem Salat anrichten und mit dem Dressing beträufeln. Mit den Nüssen bestreuen. Dazu passt geröstetes Vollkorn-Toastbrot.

*pro Portion etwa: 13 g E/ 9 g F/ 25 g KH/ 222 kcal*

> ## TIPP
>
> **Rehfilet vor dem Braten mit einer Mischung aus zerstoßenen Wacholderbeeren, gehackten Rosmarinnadeln, Pfeffer und Salz rundherum einreiben. In Folie wickeln und mindestens 2 Stunden kalt stellen.**

**INFO**

Olivenöl enthält viel Alpha-Linolsäure. Sie senkt das Infarkt-Risiko, genauso wie Ölsäure, der Hauptbestandteil von Olivenöl. Distel-, Sonnenblumen- und Maiskeimöl enthalten Linolsäure. Mit dieser mehrfach ungesättigten Fettsäure sollten Sie sparsam und vorsichtig umgehen. Sie kann zu viel oder auch nur leicht ranzig genossen das Risiko für Herzkrankheiten sogar erhöhen.

# HÄHNCHENSALAT MIT MANGO

**exotisch, sehr würzig**

**FÜR 2 PERSONEN**

150 g Hähnchenbrustfilet
1/8 l Hühnerbrühe
1 scharfe rote Peperoni
1 Limette
1/2 TL Fruchtzucker
Salz
2 EL Olivenöl
50 g Rucola
1/2 kleine rote Zwiebel
200 g Mango ohne Stein
1 Stange Staudensellerie
6 Cashewkerne

**ZUBEREITUNGSZEIT: 30 MIN.**

HÄHNCHENBRUSTFILET waschen und trockentupfen. Die Brühe zum Kochen bringen und das Fleisch darin bei schwacher Hitze zugedeckt in 20 Min. ziehen lassen, zwischendurch wenden.

PEPERONI waschen, längs aufschlitzen, entkernen und in sehr feine Würfel schneiden. Die Limette heiß waschen, abtrocknen, die Schale fein abreiben und den Saft auspressen. Limettenschale und -saft mit Zucker, Salz, Olivenöl und Peperoni verrühren.

RUCOLA waschen, putzen, abtropfen lassen und grob zerpflücken. Die Zwiebel schälen und sehr fein würfeln. Die Mango schälen und in 1 cm große Würfel schneiden. Den Staudensellerie waschen, putzen und in sehr dünne Scheiben schneiden.

HÄHNCHENFLEISCH aus der Brühe nehmen, abtropfen lassen und in mundgerechte Stücke schneiden. Das Fleisch, den Staudensellerie, die Zwiebel-, die Mangowürfel und den Rucola vorsichtig mit der Vinaigrette mischen. Die Cashewkerne halbieren. Den Salat auf Tellern anrichten und die Cashewkerne darüber streuen.

TIPP: Die Hühnerbrühe einfrieren und bei Bedarf für die Zubereitung von Suppen verwenden.

*Pro Portion etwa: 25 g E/ 22 g F/ 33 g KH/ 441 kcal*

*MILDE SCHÄRFE:*
*Echt karibisch – dazu gehören nicht nur Schärfe und exotische Früchte, sondern auch Kokosnuss: 2 EL Kokosmilch in der Sauce mildern die Chilischärfe. Kokosmilch in der Dose gibt es in Asienläden oder im Supermarkt. Für selbst hergestellte Kokosnussmilch 3 EL Kokosraspel mit 100 ml kochend heißem Wasser übergießen. Nach 15 Min. durch ein Sieb abgießen.*

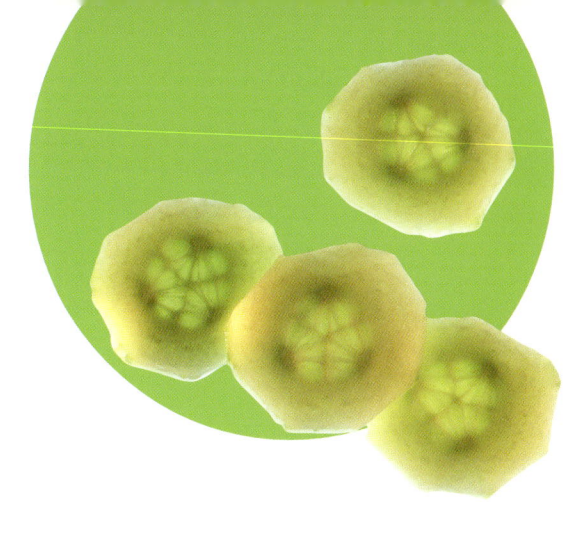

# MATJES MIT JOGHURT-DRESSING

### säuerlich und leicht

**FÜR 2 PERSONEN**

1/2 kleine, unbehandelte
Gurke (etwa 150 g)
1 kleiner Apfel
2 TL Zitronensaft
1 kleine Schalotte
2 Matjesfilets
75 g Joghurt (0,3 % Fett)
1 EL saure Sahne
1 1/2 EL Weißweinessig
Salz
schwarzer Pfeffer
einige Dillspitzen

**ZUBEREITUNGSZEIT:
25 MIN.**

**GURKE** gründlich waschen, trockenreiben und mit Schale auf der Gemüsereibe in dünne Scheiben hobeln. Den Apfel waschen, abtrocknen, vierteln und vom Kerngehäuse befreien. Die Apfelviertel quer in Stückchen schneiden und sofort mit dem Zitronensaft vermischen. Die Schalotte schälen und in hauchdünne Ringe schneiden.

**MATJESFILETS** kurz unter kaltem Wasser abbrausen, mit Küchenpapier trockentupfen und schräg in 1 cm breite Stücke schneiden.

**FÜR** das Dressing den Joghurt mit der sauren Sahne und dem Weißweinessig in einer Schüssel verrühren. Das Dressing mit wenig Salz und Pfeffer abschmecken. Die Gurken- und Apfelscheiben, die Schalottenringe und die Matjesstücke locker mit dem Joghurt-Dressing vermischen. Den Salat auf Tellern anrichten. Mit den Dillspitzen garnieren. Dazu passt Pumpernickel oder ein anderes dunkles Brot.

**TIPP:** Nach Belieben und Geschmack die Matjesfilets durch Bismarckheringsfilets ersetzen.

*Pro Portion etwa: 15 g E/ 20 g F/ 10 g KH/ 280 kcal*

*NOCH GEHALTVOLLER:
Für ein komplettes Essen Pellkartoffeln als Beilage zum Matjessalat servieren. Oder: 200 g gekochte Kartoffeln pellen, in Scheiben schneiden, mit Matjes und dem Joghurt-Dressing locker vermengen.*

# SAFRANREIS-BOUILLON

### leicht, mineralstoffreich

HÄHNCHENKEULE waschen, trockentupfen, in einen Topf legen und mit der Hühnerbrühe aufgießen. Die Hühnerbrühe langsam zum Kochen bringen und bei schwacher Hitze 1 Std. offen kochen lassen. Nach 30 Min. den Reis und den Safran dazugeben und mitgaren.

INZWISCHEN die Paprika halbieren, von Stielansatz, Trennwänden und Kernen befreien und in etwa 2 cm große Würfel schneiden. Die Möhre putzen, schälen und in dünne Scheiben schneiden. Den Mais in einem Sieb abbrausen und abtropfen lassen.

HÄHNCHENKEULE aus dem Topf nehmen, beiseite stellen und abkühlen lassen. Die Reissuppe entfetten, mit Salz und Pfeffer würzen. Die Paprikawürfel, die Möhrenscheiben und den Mais in die Suppe geben und 5 Min. bei mittlerer Hitze kochen. Die Zwiebel und den Knoblauch schälen und in kleine Würfel schneiden. Das Olivenöl erhitzen. Die Zwiebelwürfel und den Knoblauch darin bei schwacher Hitze glasig dünsten. Den Cayennepfeffer unterrühren, mit dem Zitronensaft ablöschen und diese Würzmischung in die Suppe geben.

KEULE enthäuten, das Fleisch von den Knochen ablösen und in Stücke schneiden. In die Suppe geben und 5 Min. darin ziehen lassen.

*Pro Portion etwa: 23 g E/ 8 g F/ 39 g KH/ 260 kcal*

## TIPP

**Gelb macht Laune! Mit Gelb assoziieren wir Sonne, Gold, blühende Rapsfelder, spalierstehende Sonnenblumen. Aus der Farbpsychologie wissen wir: Gelb erfrischt und hellt die Stimmung auf, Gelb treibt an, macht aktiv und wach. Safran ist das Gold der Abruzzen, Safran färbt Gelb. Darum hebt die Safranreis-Bouillon Sie über jedes Mittagstief – oder ist ein idealer Auftakt für einen heiteren, geselligen Abend.**

### FÜR 2 PERSONEN

1 große Hähnchenkeule
(etwa 250 g)
3/4 l Hühnerbrühe
75 g Vollkornreis
1/2 Tütchen Safranfäden
1 gelbe Paprikaschote
1 Möhre
100 g Maiskörner (Dose)
Salz
schwarzer Pfeffer
1 Zwiebel
1 Knoblauchzehe
2 TL Olivenöl
2 Msp. Cayennepfeffer
1 EL Zitronensaft

### ZUBEREITUNGSZEIT:
1 1/2 STD.

*FIXE VARIANTE:*
*Bouillon durch Geflügel-*
*fond aus dem Glas und die*
*Hähnchenteile durch 200 g*
*Hähnchenbrustfilet in*
*Streifen ersetzen. Zum*
*Schluss in der Suppe*
*5 Min. offen ziehen, aber*
*nicht kochen lassen.*

# TOMATENSAUCE

würzig, für den Vorrat

SELLERIE schälen und würfeln, die Möhren putzen, schälen und in dünne Scheiben schneiden. Die Zwiebeln und den Knoblauch schälen und fein würfeln. Die Chilischoten waschen, längs halbieren, entkernen und hacken. Thymian und Petersilie abbrausen, trockenschütteln, die Blätter von den Stielen zupfen und fein hacken. Die Tomaten waschen und vierteln.

OLIVENÖL in einem breiten Topf erhitzen. Den Sellerie, die Möhren, die Zwiebeln, den Knoblauch und den Chili darin bei schwacher Hitze 3 Min. andünsten. Die Tomatenviertel, Thymian und Petersilie, Pfeffer- und Pimentkörner, Gewürznelken und Lorbeerblatt hinzufügen, salzen und alles langsam zum Kochen bringen. Zugedeckt bei schwacher Hitze 1 Std. kochen lassen.

GEMÜSEMASSE durch ein Sieb oder die Gemüsemühle (Flotte Lotte) passieren, wieder erhitzen und offen weitere 30 Min. kochen lassen, bis die Masse musig ist. Mit Salz und Pfeffer kräftig abschmecken.

TIPP: Für den Vorrat die Gläser heiß ausspülen, die Tomatensauce in die Gläser füllen, verschließen und sterilisieren: Dafür den Backofen auf 220° vorheizen. Die Fettpfanne mit Wasser füllen und die Gläser hineinstellen. Die Tomatensauce im Backofen (2. Schiene) 40 Minuten sterilisieren. Die Garzeit beginnt, wenn die ersten Bläschen aufsteigen.
*Pro Glas etwa: 8 g E/ 15 g F/ 24 g KH/ 266 kcal*

---

FÜR 2 GLÄSER
À 500 ML

250 g Sellerie
2–3 Möhren (etwa 250 g)
2 große Zwiebeln
2 Knoblauchzehen
2 rote Chilischoten
10 Zweige Thymian
1/2 Bund Petersilie
1 kg reife Tomaten
2 EL Olivenöl
1 TL schwarze
Pfefferkörner
5 Pimentkörner
2 Gewürznelken
1 Lorbeerblatt
2 TL Meersalz

ZUBEREITUNGSZEIT:
20 MIN.
GARZEIT:
1 STD. 30 MIN.

*TOMATENKETCHUP:
Die Tomatensauce mit 1/8 l Weißweinessig, 2 EL braunem Rohrzucker und 2 TL Senfpulver in einem Topf offen bei schwacher Hitze in 30 Min. unter Rühren dicklich einkochen lassen.*

---

## TIPP

**Mit Rot verbinden wir Glut, Feuer, Blut. Rot erinnert uns an Liebe, an ein Mohnfeld, an das Laster. Rot schenkt uns Impulsivität, regt an, wärmt und belebt. Ich las: »Rot ist der Drang, hungrig zu begehren, was Intensität und Erlebnisfülle bietet.« Rot weckt alle Formen des Appetits. Starten Sie mit Pasta und Tomatensauce, dann wenden Sie Ihre Aufmerksamkeit dem Partner zu … und vielleicht haben Sie danach sogar noch Kraft für eine kleine Revolution.**

# FOREVER-YOUNG-VINAIGRETTE

schnell, für Blattsalate

**FÜR 4 PORTIONEN
À 2 PERSONEN**

4 EL Weißweinessig
Meersalz
schwarzer Pfeffer aus der
Mühle
2 TL Dijon-Senf
1 TL Ahornsirup
2 Schalotten
4 EL Olivenöl
3 EL Rapsöl
3 EL Sonnenblumenöl

**ZUBEREITUNSZEIT:
10 MIN.**

WEISSWEINESSIG in einer Schüssel mit Salz, Pfeffer und Senf verrühren. Den Ahornsirup dazugeben und unterrühren. Die Schalotten schälen, in sehr feine Würfel schneiden und untermischen.

OLIVENÖL, das Rapsöl und das Sonnenblumenöl nach und nach mit dem Schneebesen unterrühren. Die Vinaigrette in eine Flasche oder in ein Schraubglas füllen, gut verschließen und in den Kühlschrank stellen. Vor jedem Gebrauch die Flasche mit der Vinaigrette kräftig durchschütteln.

**TIPP:** Statt Schalotten fein gehackte Petersilie, Estragon, Schnittlauchröllchen oder andere frische Kräuter untermischen.

*Pro Portion etwa: 0 g E/ 31 g F/ 3 g KH/ 288 kcal*

# JOGHURT-KRÄUTER-DRESSING

einfach, eiweißreich

KRÄUTER waschen, trockenschütteln und die Blätter, wenn nötig, von den Stielen zupfen und fein hacken.

JOGHURT mit Milch, Salz, Pfeffer und dem Zitronensaft verrühren. Die Kräuter untermischen. Das Dressing in ein Glas mit Schraubverschluss füllen, verschließen und kalt stellen.

**TIPPS:** Im Kühlschrank hält sich das Dressing etwa 10 Tage. Es schmeckt zu kräftigen Blattsalaten, zu Gemüse, Fleisch und Fisch.

MIT Kapern, frisch geriebenem Parmesan, Meerrettich oder Senf können Sie die Sauce verfeinern.

*Pro Portion etwa: 2 g E/ 1 g F/ 3 g KH/ 27 kcal*

**FÜR 4 PORTIONEN
À 2 PERSONEN**

4 EL Kräuterblättchen
(Basilikum, Kerbel, Dill,
Petersilie)
125 g Joghurt (1,5 % Fett)
4 EL Milch (1,5 % Fett)
Salz
schwarzer Pfeffer aus der
Mühle
2–3 EL Zitronensaft

**ZUBEREITUNGSZEIT:
10 MIN.**

# KRÄUTER-PESTO

## auf neue Art, zu Pasta

SONNENBLUMENKERNE in einer trockenen Pfanne ohne Fett bei mittlerer Hitze rundherum goldbraun rösten. Aus der Pfanne nehmen, beiseite stellen und abkühlen lassen.

KERBEL und die Petersilie abbrausen, trockenschütteln, die Blätter von den Stielen zupfen und grob hacken. Die Basilikumblätter abreiben und ebenfalls hacken. Den Knoblauch schälen und ebenfalls grob hacken.

SONNENBLUMENKERNE, die Kräuter, den Knoblauch, den Aceto balsamico und die Hälfte des Parmesans vermischen. Den Gemüsefond dazugießen und mit dem Pürierstab oder im Mixer fein pürieren. Das Olivenöl nach und nach im dünnen Strahl unter die Kräutermischung rühren, bis sie geschmeidig ist. Den übrigen Parmesan untermischen. Das Pesto mit Salz und Pfeffer abschmecken und in ein Glas mit Twist-Off-Deckel füllen. Das Pesto an einem dunklen, kühlen Ort aufbewahren. Das Kräuter-Pesto ist etwa 14 Tage haltbar.
*Pro Portion etwa: 7 g E/ 20 g F/ 3 g KH/ 215 kcal*

**FÜR 4 PORTIONEN À 2 PERSONEN**

40 g Sonnenblumenkerne
50 g Kerbel
1 Bund Petersilie
25 g Basilikumblätter
1 große Knoblauchzehe
2 TL Aceto balsamico
50 g frisch geriebener Parmesan
75 ml Gemüsefond (Glas)
50 ml kaltgepresstes Olivenöl
Salz
schwarzer Pfeffer aus der Mühle

**ZUBEREITUNGSZEIT: 20 MIN.**

*KLASSISCH:*
*Sonnenblumenkerne durch Pinienkerne ersetzen, statt drei Kräutern nur etwa 75 g Basilikum verwenden.*

# TIPP

**Drei Gründe sprechen für Pesto: drei Kräuter mit großer Wirkung. Basilikum hat den Ruf, aphroditische Kräfte zu verleihen. Es besänftigt gestresste Nerven, vertreibt Völlegefühl, entwässert den Körper und hilft auch noch gegen Migräne. Petersilie reinigt das Blut, weckt das Immunsystem und müde Geister. Kerbel dient ebenfalls der Blutreinigung und hemmt Entzündungen.**

# Hauptsache
# Gemüse

WISSEN Sie, warum Sie nach dem Essen immer so müde sind? Schuld ist ein immunologischer Vorgang. Das, was Sie meistens essen, ist Ihrem Körper fremd. Im Darm kämpfen Abwehrkörper gegen ihm im Grunde unbekannte Essens-Moleküle, gegen Sauerbraten oder Schwarzwälder Kirschtorte. Interleukin-4 wird freigesetzt – der gleiche Stoff, wie bei einer Lungenentzündung, nur eben nicht so viel davon. Das nennt man Verdauungs-Leukozytose. Genau das macht Sie müde. Es gibt aber auch ein Essen, das Sie wach macht und wofür Sie ein genetisches Programm haben. Es ist das, was der Mensch vor 4 Millionen Jahren gegessen hat.

JEDER Schimpanse macht es Ihnen vor. Er stimmt genetisch zu 98,4 Prozent mit Ihnen überein. Immunologisch können Sie sich mit ihm vergleichen. Er isst zu 80 Prozent Obst und Gemüse, und zu 20 Prozent tierisches Eiweiß, allerdings nicht jeden Tag! Darum ist der Affe im Urwald fit und schlank.

DAS wollen Sie sicher auch sein. Darum essen Sie sich wach! Die folgenden vegetarischen Hauptgerichte, ob Gemüse-Tofu-Wok oder Makkaroni mit Kräuter-Tomaten, zeigen Ihnen, wie das auf köstliche Art möglich ist.

# GEMÜSE-TOFU-WOK

pfannengerührt, leicht

**FÜR 2 PERSONEN**

250 g Tofu

Salz

schwarzer Pfeffer

1 grüne Paprikaschote

1 Stange Lauch

2 Frühlingszwiebeln

100 g Zuckerschoten

75 g Bohnensprossen

1 Knoblauchzehe

1 haselnussgroßes Stück
Ingwer

100 ml Gemüsebrühe

2 EL Sojasauce

1 EL trockener Sherry

2 TL Reisessig

0,5 g Biobin (Reformhaus)

2 EL Öl

**ZUBEREITUNGSZEIT:
30 MIN.**

*ZUM VERFEINERN:
Die Sauce mit 1 TL Sesamöl
würzen und die Gemüse-
Tofu-Mischung zum
Schluss mit 1 EL goldbraun
gerösteten Sesamsamen
bestreuen.*

TOFU würfeln, salzen und pfeffern. Die Paprika halbieren, von Stielansatz, Trennwänden und Kernen befreien, waschen und in sehr feine Streifen schneiden. Den Lauch putzen, längs aufschlitzen, waschen und in feine Ringe schneiden. Die Frühlingszwiebeln waschen, putzen, das Weiße in feine Ringe, das Grüne schräg in 2 cm lange Stücke schneiden. Die Zuckerschoten waschen und putzen. Die Bohnensprossen abbrausen und abtropfen lassen. Knoblauch und Ingwer schälen und fein würfeln. Die Brühe mit Sojasauce, Sherry, Reisessig und Biobin verquirlen.

IN einem Wok 1 EL Öl erhitzen, den Tofu darin 2–3 Min. anbraten. Die weißen Frühlingszwiebelringe, Knoblauch und Ingwer darüber streuen und kurz mitbraten. Die Tofu-Mischung herausheben und warm stellen. Das übrige Öl im Wok erhitzen. Die Paprikastreifen und die Zuckerschoten 2 Min. unter Rühren braten, die Lauchringe dazugeben und 2 Min. pfannenrühren. Das Grün der Frühlingszwiebeln und die Sprossen dazugeben und 3 Min. mitbraten. Die Würzsauce angießen und aufkochen lassen. Den Tofu unterrühren. Mit Salz und Pfeffer abschmecken.

*Pro Portion etwa: 25 g E/ 17 g F/ 36 g KH/
272 kcal*

## INFO

Soja ist fettarm, eiweißreich und cholesterinfrei. Die darin enthaltenen ungesättigten Fettsäuren schützen das Herz. Seine Phytoöstrogene schützen vor Krebs. Sein Lecithin fördert Denkleistung und Kreativität. Soja liefert die Vitamine A, $B_1$, E, Niacin sowie Folsäure und verwöhnt gestresste Nerven mit Kalium, Magnesium, Calcium. Essen Sie Tofu, oder shaken Sie sich einen Drink mit Sojamilch.

# ERBSEN-RISOTTO
### raffiniert, kräftig

FRÜHLINGSZWIEBELN putzen, das Weiße hacken, das Grüne in feine Ringe schneiden. Petersilie und Kerbel abbrausen, trockenschütteln, die Blätter von den Stielen zupfen, einige Blättchen beiseite legen und den Rest hacken.

ERBSEN und Frühlingszwiebelgrün in kochendem Salzwasser 1 Min. blanchieren und abtropfen lassen. Ein Drittel abnehmen und beiseite stellen, den Rest mit Petersilie und Kerbel pürieren.

DEN Knoblauch schälen und fein hacken. Das Öl in einem schweren Topf erhitzen. Den Knoblauch mit dem Weißen der Frühlingszwiebeln 3 Min. darin bei mittlerer Hitze andünsten. Den Reis dazugeben und unter Rühren in 3 Min. glasig werden lassen.

GEMÜSEBRÜHE erhitzen. Den Wein angießen und bei starker Hitze verdampfen lassen. Nach und nach die heiße Brühe dazugeben und unter Rühren immer wieder offen einkochen lassen, bis der Reis nach 35–40 Min. gar ist. 5 Min. vor Ende der Garzeit die beiseite gestellten Erbsen und das Erbsenpüree unterrühren. Mit Salz und Pfeffer abschmecken. 1 EL Parmesan unter den Risotto heben. Mit dem übrigen Parmesan bestreuen und mit den übrigen Kräutern garnieren.

*Pro Portion etwa: 15 g E/ 11 g F/ 89 g KH/ 633 kcal*

**FÜR 2 PERSONEN**

3 Frühlingszwiebeln
1/2 Bund Petersilie
1 Hand voll Kerbel
150 g tiefgekühlte Erbsen
Salz
1 kleine Knoblauchzehe
1 EL Olivenöl
200 g Rundkorn-Naturreis
400 ml Gemüsebrühe
50 ml trockener Weißwein
schwarzer Pfeffer
3 EL frisch geriebener Parmesan

**ZUBEREITUNGSZEIT: 1 STD.**

*ZUM VERFEINERN:*
*Getrocknete Steinpilze (etwa 5 g) in Weißwein einweichen, abtropfen lassen und zerkleinern. Die Pilze unter den angebratenen Reis mischen und mitgaren. Mit etwas Zitronensaft abschmecken.*

# GELBE GEMÜSE-TORTILLA

heiß oder kalt ein Genuss

KARTOFFELN schälen und in dünne Scheiben schneiden. Die Paprikaschote halbieren, von Stielansatz, Trennwänden und Kernen befreien, die Hälften waschen und in kleine Würfel schneiden. Die Zucchini waschen, putzen und in dünne Scheiben schneiden. Die Zwiebel schälen und fein hacken. Den Mais in einem Sieb abbrausen und abtropfen lassen.

OLIVENÖL in einer beschichteten Pfanne von 26 cm Durchmesser erhitzen. Die Kartoffeln darin bei mittlerer Hitze unter Wenden 10 Min. braten, aber nicht braun werden lassen. Die Paprika- und Zwiebelwürfel sowie die Zucchinischeiben dazugeben und weitere 10 Min. unter Rühren braten. Den Mais untermischen und alles mit Salz, Pfeffer und Thymian abschmecken.

EIER verquirlen, kräftig mit Salz und Pfeffer abschmecken. Die Eier über die Kartoffel-Gemüse-Mischung gießen und bei starker Hitze 1 Min. stocken lassen. Die Hitze reduzieren und die Tortilla 10–15 Min. garen, dabei die Pfanne gelegentlich hin- und herrütteln, damit die Tortilla nicht ansetzt. Wenn die Oberfläche nicht mehr flüssig ist, den Deckel auflegen und bei mittlerer Hitze weitere 5 Min. garen. Die Gemüse-Tortilla in Tortenstücke oder in Quadrate schneiden. Dazu passt ein frischer grüner Salat.

*Pro Portion etwa: 17 g E/ 25 g F/ 43 g KH/ 461 kcal*

## FÜR 2 PERSONEN

250 g kleine, vorwiegend fest kochende Kartoffeln
1 gelbe Paprikaschote
100 g gelbe Zucchini
1 kleine Zwiebel
75 g Maiskörner (Dose)
2 EL Olivenöl
Salz
schwarzer Pfeffer aus der Mühle
1 TL Thymian
3 Eier

ZUBEREITUNGSZEIT: 40 MIN.

*SERVIER-VARIANTE:*
*Tortilla erkalten lassen, in dicke Würfel schneiden und mit Cocktailspießchen auf Salatblättern anrichten – eine leckere Vorspeise oder ein leichter Snack zu einem Glas Wein.*

## TIPP

Gelb war die Lieblingsfarbe van Goghs – das Gelb der Sonne, der Sonnenblumen, des Korns. Sicher spürte er: Gelb stärkt die Nerven, fördert die Auffassungsgabe und den Intellekt. Unzufriedene Menschen können durch gelbe Farben positiver gestimmt werden. Mais und Paprika sind gelb. Bringen Sie sich und Ihren Partner doch zur Abwechslung mit einer gelben Gemüse-Tortilla einfach in bessere Stimmung.

## INFO

Rot bringt das Blut in Wallungen und mindert Durchblutungsstörungen. Heute weiß man: Ein großes Glas Tomatensaft täglich schützt vor Krebs. Das Geheimnis dahinter: Der rote Farbstoff der Tomate, das Lycopin. Freiland-Tomaten haben dreimal mehr als die aus dem Treibhaus.

# KÜRBIS-CURRY MIT TOMATEN

scharf, würzig

**FÜR 2 PERSONEN**

750 g Kürbis
2 TL Kurkuma
Salz
400 g Tomaten
1 rote Zwiebel
1 rote Chilischote
6 EL Gemüsebrühe
1 EL Öl
je 1 TL gemahlener Kreuzkümmel und Koriander
1/2 TL Cayennepfeffer
75 g Joghurt (1,5 % Fett)

**ZUBEREITUNGSZEIT: 45 MIN.**

KÜRBIS schälen, die Kürbiskerne mit einem Löffel entfernen und das Fruchtfleisch in 2–3 cm große Würfel schneiden. Das Kurkuma und 1 TL Salz mischen, die Kürbiswürfel darin wenden und 10 Min. ziehen lassen.

TOMATEN mit kochend heißem Wasser überbrühen, kalt abschrecken, enthäuten und ohne die Stielansätze grob hacken. Die Zwiebel schälen und fein hacken. Die Chilischote waschen, längs halbieren, von den Kernen befreien und winzig klein würfeln. Die Gemüsebrühe erhitzen.

ÖL in einem breiten Topf erhitzen, die Kürbiswürfel darin unter Wenden bei mittlerer Hitze anbraten. Die Zwiebel- und Chiliwürfel untermischen und 3 Min. mitdünsten. Den Kreuzkümmel, den Koriander und den Cayennepfeffer unter das Gemüse rühren. Die Tomaten dazugeben und mitdünsten. Die heiße Gemüsebrühe angießen, langsam aufkochen und das Gemüse zugedeckt bei mittlerer Hitze 15–20 Min. schmoren lassen, bis der Kürbis weich ist.

KÜRBIS-CURRY mit Salz, Kreuzkümmel, Koriander und Cayennepfeffer kräftig abschmecken. Den Topf beiseite stellen, den Joghurt unterrühren, aber nicht mehr kochen lassen! Dazu passt Vollkornreis.

*Pro Portion etwa: 6 g E/ 6 g F/ 24 g KH/ 179 kcal*

NOCH EXOTISCHER:
*Je 1 TL Ingwer- und Knoblauchwürfel mit den Chiliwürfeln andünsten. Die Gewürze durch 1/2 TL fein zerstoßene Senfkörner ergänzen. Joghurt durch ungesüßte Kokosmilch aus der Dose ersetzen. Mit 1–2 TL Limettensaft und 1 TL braunem Rohrzucker abschmecken. 1/2 Bund Koriander grob hacken und zum Schluss darüber streuen.*

# AUBERGINEN MIT PAPRIKASAUCE

scharf und süßlich

### FÜR 2 PERSONEN

2 Auberginen, Salz
2 rote Paprikaschoten
1 kleine rote Zwiebel
1 Knoblauchzehe
3 TL Olivenöl
1 rote Chilischote
1 EL Rotweinessig
1/2 TL abgeriebene
Schale von 1 unbehandelten Zitrone
2 TL Paprikapulver,
edelsüß

### ZUBEREITUNGSZEIT:
50 MIN.

AUBERGINEN waschen, putzen und längs in 1–2 cm dicke Scheiben schneiden. Mit Salz bestreuen und 30 Min. ziehen lassen. Den Backofen-Grill auf höchster Stufe vorheizen.

PAPRIKA halbieren, von den Stielansätzen, Trennwänden und Kernen befreien und waschen. Die Paprikahälften mit der Innenseite nach unten auf Alufolie auf den Rost legen und unter dem Grill 8–10 Min. rösten, bis die Haut schwarz wird.

ZWIEBEL und den Knoblauch schälen und fein würfeln. 1 TL Olivenöl erhitzen und beides darin glasig dünsten. Paprika 5 Min. abkühlen lassen, die

Haut abziehen und die Hälften klein würfeln. Die Chilischote waschen, längs halbieren, entkernen und in feine Streifen schneiden.

FÜR die Sauce die Paprika-, Zwiebel-, Knoblauch- und Chiliwürfel im Mixer oder mit dem Pürierstab grob zerkleinern, aber nicht zu fein pürieren. Die Sauce mit Rotweinessig, Zitronenschale und Salz abschmecken.

AUBERGINEN abbrausen und gut trockentupfen. Den Backofen-Grill vorheizen. Den Rost mit Alufolie belegen, einfetten und mit den Auberginenscheiben belegen. Mit Öl bepinseln und 5 Min. grillen. Auberginen wenden und weitere 5 Min. grillen. Die Auberginenscheiben mit dem Paprikapulver bestäuben und mit der Sauce anrichten.

*Pro Portion etwa: 5 g E/ 15 g F/ 12 g KH/ 194 kcal*

*NOCH FEURIGER:*
*Freunde sehr scharfer Genüsse sollten aus der roten Chilischote weder Kerne noch Trennwände entfernen. Das Kapsaizin, das sich vorwiegend in den Kernen befindet, macht die Schärfe der Sauce aus, nicht die Anzahl der Chilischoten!*

# MANGOLD-QUICHE

### raffiniert, für Gäste

**FÜR 2 PERSONEN**

100 g Magerquark

150 g Weizenmehl
(Type 550)

1 TL Weinstein-Backpulver

150 ml Milch (1,5 % Fett)

3 1/2 EL Öl

Salz

400 g Mangold

1 kleine Zwiebel

60 g Mozzarella

schwarzer Pfeffer

frisch geriebene
Muskatnuss

100 g kleine Tomaten

2 Eier

Mehl zum Ausrollen

Öl zum Einfetten

**ZUBEREITUNGSZEIT:
35 MIN.
BACKZEIT:
40 MIN.**

MAGERQUARK abtropfen lassen. Den Backofen auf 200° vorheizen. Eine Springform von 26 cm Durchmesser mit etwas Öl einfetten. Das Weizenmehl, den Quark, das Backpulver, 3 EL Milch, 3 EL Öl und 1/2 TL Salz rasch zu einem geschmeidigen Teig verkneten. Den Teig auf der leicht bemehlten Arbeitsfläche etwas größer als die Form ausrollen. Die Form mit dem Teig auskleiden und den Boden mehrmals mit einer Gabel einstechen. Im Backofen (Mitte, Umluft 180°) 10 Min. vorbacken.

MANGOLD putzen und waschen. Die Stiele in kleine Würfel schneiden, die Blätter grob hacken. Die Zwiebel schälen und fein würfeln. Das übrige Öl in einem Topf erhitzen und die Zwiebelwürfel darin bei mittlerer Hitze glasig dünsten. Die Mangoldstiele 4–5 Min. mitdünsten. Das Grün nur 3 Min. mitgaren. Den Mozzarella abtropfen lassen, in 1/2 cm große Würfel schneiden und unter den Mangold mischen. Den Mangold mit Salz, Pfeffer und etwas Muskat abschmecken.

TOMATEN waschen und ohne die Stielansätze in Scheiben schneiden. Die Eier und die übrige Milch verquirlen, salzen und pfeffern. Die Mangoldmasse auf dem Teig verteilen, die Eiermilch darüber gießen. Die Quiche mit den Tomatenscheiben belegen und im Backofen (Mitte, Umluft 180°) in 30 Min. fertig backen.

*Pro Portion etwa: 34 g E/ 29 g F/ 61 g KH/ 649 kcal*

---

# TIPP

Servieren Sie eine Tomatensauce dazu. Für die Sauce die Tomaten überbrühen, enthäuten und klein hacken. Mit Salz, Pfeffer und gehacktem Oregano würzen und bei starker Hitze 5 Min. kochen, dann fein pürieren.

# FRÜHLINGSGEMÜSE MIT HIRSE

*leicht, vitalstoffreich*

PINIENKERNE in einer trockenen Pfanne goldbraun rösten und beiseite stellen. Den Kohlrabi putzen, schälen und in kleine Würfel schneiden. Die Möhren putzen, schälen und schräg in Scheiben schneiden. Die Zuckerschoten waschen, putzen und schräg halbieren. Die Frühlingszwiebeln putzen, das Weiße und Hellgrüne getrennt in feine Ringe schneiden. Die Schalotte und den Knoblauch schälen und fein hacken. Die Gemüsebrühe erhitzen.

OLIVENÖL in einer Pfanne erhitzen, Schalotten und Knoblauch darin bei mittlerer Hitze glasig dünsten. Die Kohlrabiwürfel und Möhrenscheiben, die Zuckerschoten und das Weiße der Frühlingszwiebeln hinzufügen und 3–4 Min. unter Rühren bei mittlerer Hitze dünsten. Die Hirse untermischen und kurz mitbraten. Die heiße Brühe angießen, langsam zum Kochen bringen und alles zugedeckt bei schwacher Hitze 20–25 Min. garen.

HIRSEGEMÜSE mit Salz, Pfeffer, Zitronenschale und 1–2 EL Zitronensaft abschmecken. Die Basilikumblätter von den Stielen zupfen, abreiben und bis auf ein paar Blätter zum Garnieren grob hacken. Unter die Hirse mischen. Das Hirsegemüse mit den Pinienkernen bestreuen und mit dem übrigen Basilikum garnieren.

*Pro Portion etwa: 17 g E/ 16 g F/ 73 g KH/ 510 kcal*

## TIPP

**Beauty Food Hirse: Ihr Silizium schuftet für die Schönheit. Das Spurenelement kettet fleißig Eiweißstrukturen im Bindegewebe zusammen und macht die Haut elastisch und straff. Silizium beugt nicht nur Cellulite vor, sondern festigt Knochen und Zähne. Auch lässt es Haare und Nägel wachsen. Probieren Sie einfach, wie gut »Schönheits-Dragees« aus der Pfanne schmecken.**

**FÜR 2 PERSONEN**

1 EL Pinienkerne
1 Kohlrabi (etwa 250 g)
200 g junge Möhren
100 g Zuckerschoten
2 Frühlingszwiebeln
1 Schalotte
1 Knoblauchzehe
300 ml Gemüsebrühe
1 EL Olivenöl
150 g Hirse
Salz
schwarzer Pfeffer aus der Mühle
Schale von 1/2 unbehandelten Zitrone
1–2 EL Zitronensaft
1/2 Bund Basilikum

**ZUBEREITUNGSZEIT: 45 MIN.**

*ZUM VERFEINERN:*
*100 g cremigen Joghurt (0,3 % Fett) vor dem Servieren auf das Hirsegemüse geben und Sambal Oelek zum Schärfen extra dazu reichen.*

# GEMÜSE-BRATREIS

### asiatisch, leicht

**FÜR 2 PERSONEN**

150 g Vollkornreis mit
Wildreis
Salz
6 Tongu-Pilze (getrock-
nete Shiitakepilze)
1 rote Paprikaschote
2 Stangen
Staudensellerie
250 g Brokkoli
100 g tiefgekühlte Erbsen
1 Zwiebel
1 Knoblauchzehe
2 EL Öl
2 EL Sojasauce
schwarzer Pfeffer

**ZUBEREITUNGSZEIT:
35 MIN.**

*BLITZ-VARIANTE:
Statt frisches Gemüse können Sie 300 g tiefgekühl-
tes chinesisches Pfannen-
gemüse nehmen.*

REIS in kochendem Salzwasser 25–30 Min. bei schwacher Hitze garen, dann abgießen und abtropfen lassen.

PILZE mit kochendem Wasser übergießen und 30 Min. einweichen. Die Paprika halbieren, von Stielansatz, Trennwänden und Kernen befreien, waschen und in feine Streifen schneiden. Den Staudensellerie waschen, putzen und in dünne Scheiben schneiden. Den Brokkoli putzen, dabei die Röschen von den Stielen schneiden. Die Stiele schräg in 1 cm breite Stücke schneiden. Die Stiele in kochendem Salzwasser 3 Min. und die Röschen 2 Min. blanchieren, kalt abschrecken und abtropfen lassen. Die Erbsen antauen lassen. Die Stiele von den Pilzen entfernen und nur die Hüte vierteln.

ZWIEBEL und Knoblauch schälen und fein hacken. 1 EL Öl erhitzen. Zwiebeln und Knoblauch darin andünsten. Die Paprikastreifen, den Staudensellerie und den Brokkoli dazugeben und 3 Min. bei mittlerer Hitze unter Rühren braten. Die Erbsen und Pilze hinzufügen und 2–3 Min. mitbraten. Das übrige Öl hinzufügen. Den Reis in die Pfanne geben und bei starker Hitze unter Wenden 5 Min. braten. Mit Sojasauce, Salz und Pfeffer abschmecken.

*Pro Portion etwa: 16 g E/ 15 g F/ 77 g KH/ 505 kcal*

# INFO

Casanova kannte Wildreis nicht, er aß Austern. Austern liefern Zink, und ohne Zink läuft gar nichts. Auch das nordamerikanische Rispengras strotzt nur so vor Zink. Gabel für Gabel steigt der Blutspiegel an Testosteron. Sie wissen schon, das Powerhormon, das für innere Dynamik und Libido sorgt. Übrigens: Die Mühe für ein Dessert können Sie sich nach Wildreis sparen.

# QUARK-LAUCH-GRATIN

*leicht und locker*

LAUCH putzen, längs aufschlitzen, gründlich waschen, die weißen und hellgrünen Teile schräg in 5 cm lange Stücke schneiden. In einem Topf reichlich Salzwasser zum Kochen bringen. Die Lauchstücke darin 3–4 Min. blanchieren, eiskalt abschrecken und abtropfen lassen. Den Backofen auf 200° vorheizen. Eine mittelgroße Gratinform einfetten. Den Lauch mit Salz, Pfeffer und etwas Muskat würzen und in der Form verteilen. QUARK abtropfen lassen. Die Eier trennen. Den Käse fein reiben. Die Petersilie abbrausen, trockenschütteln, die Blätter von den Stielen zupfen und fein hacken. Den Quark, die Eigelbe, Salz und Pfeffer mit den Quirlen des Handrührgerätes gründlich verrühren. Die Eiweiße mit 1 Prise Salz sehr steif schlagen. Den Eischnee mit der Petersilie vorsichtig unter die Quarkmasse heben. Die Masse gleichmäßig über dem Lauch verteilen. Den Käse darüber streuen. Das Gratin im Backofen (2. Schiene, Umluft 180°) in 25 Min. goldbraun überbacken. Dazu passen Pellkartoffeln.
*Pro Portion etwa: 31 g E/ 16 g F/ 13 g KH/ 325 kcal*

**FÜR 2 PERSONEN**

600 g Lauch
Salz
schwarzer Pfeffer aus der
Mühle
frisch geriebene
Muskatnuss
200 g Magerquark
2 Eier
30 g Gruyère
1/2 Bund Petersilie
Öl zum Einfetten

**ZUBEREITUNGSZEIT:
30 MIN.**

**BACKZEIT:
25 MIN.**

*VIELSEITIGER:
Jeweils 500 g Möhren,
Brokkoli oder Blumenkohl
statt Lauch nehmen oder
gemischtes Gemüse gratinieren.*

# FOLIENKARTOFFELN MIT KRÄUTER-KÄSE

einfach, auch als Beilage

**FÜR 2 PERSONEN**

2 große mehlig kochende
Kartoffeln (à etwa 300 g)
Salz
2 TL Öl
3 Zweige Petersilie
3 Zweige Dill
1/2 Bund Schnittlauch
5–6 Radieschen
(etwa 75 g)
125 g körniger Frischkäse
75 g Joghurt (1,5 % Fett)
1–2 EL Zitronensaft
schwarzer Pfeffer aus der
Mühle
Alufolie

**ZUBEREITUNGSZEIT:
30 MIN.**

**BACKZEIT: 45 MIN.**

KARTOFFELN waschen und in Salzwasser 10 Min. vorkochen. Abgießen und abtrocknen. Den Backofen auf 225° vorheizen. Pro Kartoffel ein ausreichend großes Stück Alufolie mit Öl einpinseln und die Kartoffel jeweils darin fest einwickeln. Die Folienkartoffeln auf den Rost legen und im Backofen (Mitte, Umluft 200°) 45 Min. backen.

PETERSILIE, Dill und Schnittlauch waschen und trockenschütteln. Die Blätter von den Stielen zupfen, etwas Petersilie und Dill zum Garnieren beiseite legen, den Rest hacken. Den Schnittlauch in Röllchen schneiden. Die Radieschen waschen, putzen und in Scheiben schneiden. Einige Scheiben zum Garnieren beiseite legen, den Rest in feine Streifen schneiden.

FRISCHKÄSE mit dem Joghurt und dem Zitronensaft glatt rühren. Petersilie, Dill, Schnittlauchröllchen und die Radieschenstreifen unterheben. Den Kräuter-Käse mit Salz und Pfeffer würzen.

KARTOFFELN nach Belieben mit oder ohne Folie auf zwei Teller legen. Die Kartoffel kreuzweise tief einschneiden, eventuell die Folie und die Kartoffelschale öffnen und etwas zurückbiegen. Die Kartoffeln salzen, etwas Kräuter-Käse darauf geben und mit den Kräutern und Radieschenscheiben garnieren. Den übrigen Frischkäse dazu reichen.

*Pro Portion etwa: 14 g E/ 5 g F/ 26 g KH/ 209 kcal*

## TIPP

Gebackene Kartoffeln sind der Hit auf jeder Gartenparty: Die Folienkartoffeln seitlich auf den Rost des Holzkohlegrills oder direkt in die Glut legen, bis sie weich sind. Die Sauce und einen frischen grünen Salat getrennt dazu servieren.

## INFO

Artischocken senken den Cholesterinspiegel, regen die Verdauung an. Grüner Spargel entwässert und senkt hohen Blutdruck. Junge Möhren schützen mit ihren Carotinen Haut und Schleimhäute und beugen Krebs vor. Blumenkohl kurbelt die Blutbildung an, kräftigt das Immunsystem.

# GEMÜSE MIT GORGONZOLA-DIP
## bissfest und aromatisch

**FÜR 2 PERSONEN**

4 kleine Artischocken
150 g grüner Spargel
150 g junge Möhren
200 g Blumenkohl
75 g Perlzwiebeln
Salz
schwarzer Pfeffer
1 EL Olivenöl
6 EL Gemüsefond (Glas)
30 g Gorgonzola
100 g Quarkzubereitung
(0,2 % Fett)
1–2 TL Zitronensaft

**ZUBEREITUNGSZEIT:
45 MIN.**

ARTISCHOCKEN waschen, den Stiel und das obere Drittel der Blätter abschneiden. Den Spargel waschen, putzen und das untere Drittel schälen. Die Möhren putzen und schälen, dabei einen kurzen grünen Stiel stehen lassen. Den Blumenkohl waschen, putzen und in Röschen zerlegen. Die Perlzwiebeln schälen.

DIE Artischocken, den Spargel, die Möhren, die Blumenröschen und die Perlzwiebeln in den Dämpfeinsatz eines Topfs schichten. Das Gemüse mit Salz und Pfeffer bestreuen, mit dem Olivenöl einpinseln. Eine Hand breit Salzwasser im Topf zum Kochen bringen. Den Dämpfeinsatz mit dem Gemüse

hineinsetzen und den Deckel schließen. Das Gemüse bei mittlerer Hitze 30 Min. dämpfen.

FÜR den Dip den Gemüsefond erhitzen. Den Gorgonzola würfeln und in dem Fond unter Rühren schmelzen lassen, dann beiseite stellen. Den Quark unterrühren und mit Salz, Pfeffer und Zitronensaft abschmecken. Den Dip kalt stellen, dann extra zu dem gedämpften Gemüse servieren.

*Pro Portion etwa: 17 g E/ 13 g F/ 20 g KH/ 257 kcal*

*MEHR ABWECHSLUNG: Grüne Bohnen, Zucchini, Auberginen, bunte Paprika, Fenchel, Brokkoli, Knoblauch – alle Gemüsesorten, die gerade Saison haben, können Sie dämpfen. Vorausgesetzt, sie sind von guter Qualität und frisch. Denn beim Dämpfen bestimmt das Eigenaroma der Gemüsesorten den Geschmack.*

# GRILLGEMÜSE MIT OLIVENCREME

mediterran, einfach

**FÜR 2 PERSONEN**

150 g fettarme Dickmilch
1 TL Tomatenmark
50 g schwarze Oliven
Salz, schwarzer Pfeffer
2 Kartoffeln
je 1 kleine rote und gelbe
Paprikaschote
150 g Zucchini
150 g Auberginen
1/2 Gemüsezwiebel
2 EL Olivenöl
Alufolie

**ZUBEREITUNGSZEIT:
40 MIN.**

**DICKMILCH** mit dem Tomatenmark glatt verrühren. Die Oliven entsteinen – am besten mit einem Kirschenentsteiner, in sehr kleine Würfel schneiden und unter die Dickmilch rühren. Mit Salz und Pfeffer abschmecken. Die Olivencreme abdecken und in den Kühlschrank stellen.

**KARTOFFELN** mit der Schale in Salzwasser 10 Min. vorkochen, dann abgießen, pellen und der Länge nach in 1–2 cm dicke Scheiben schneiden. Die Paprika vierteln, von den Stielansätzen, Trennwänden und Kernen befreien und waschen. Die Zucchini und die Aubergine waschen, putzen und jeweils in

1–2 cm dicke Scheiben schneiden. Die Gemüsezwiebel schälen und in Spalten schneiden.

**BACKOFEN-GRILL** auf höchster Stufe oder den Backofen auf 250° vorheizen. Den Rost mit Alufolie belegen und mit 1/2 EL Öl bestreichen. Die Kartoffeln und das Gemüse darauf legen, mit dem übrigen Öl bepinseln, mit Salz und Pfeffer würzen und 5 Min. grillen. Die Kartoffeln und das Gemüse wenden und weitere 5–6 Min. grillen. Oder Kartoffeln und Gemüse im Backofen (Mitte, Umluft 200°) 20 Min. backen. Gemüse und Kartoffeln anrichten, die Olivencreme getrennt dazu reichen.

*Pro Portion etwa: 9 g E/ 25 g F/ 25 g KH/ 363 kcal*

*ZUM VERFEINERN:*

*1 1/2 EL Olivenöl mit frisch gehackten Kräutern wie Rosmarin, Thymian oder Salbei verrühren. 1 Knoblauchzehe schälen, durch die Presse drücken und dazugeben, salzen und pfeffern. Das Gemüse mit dem Würzöl bestreichen, 30 Min. ziehen lassen und grillen.*

# GEMÜSE-BOLOGNESE AUF SPAGHETTI

einfach und genussreich

**FÜR 2 PERSONEN**

1 Aubergine (etwa 200 g)
1 kleiner Zucchino
1 gelbe Paprikaschote
1 Zwiebel
1 Knoblauchzehe
1 EL Olivenöl
2 große Fleischtomaten
1 TL Kräuter der Provence
Salz
schwarzer Pfeffer
200 g Vollkorn-Spaghetti
1 EL Aceto balsamico

**ZUBEREITUNGSZEIT: 45 MIN.**

*ZUM VERFEINERN: Kräuter der Provence durch 2 TL frisch gehackte Kräuter ersetzen – zum Beispiel Rosmarin, Thymian und Majoran.*

AUBERGINE und Zucchino waschen, von dem Stiel- und Blütenansatz befreien und in kleine Würfel schneiden. Die Paprika halbieren, von Stielansatz, Trennwänden und Kernen befreien, waschen und in kleine Würfel schneiden. Die Zwiebel schälen und fein würfeln. Den Knoblauch schälen. Das Olivenöl erhitzen. Den Knoblauch durch die Presse drücken und dazugeben, mit den Zwiebelwürfeln bei mittlerer Hitze glasig dünsten. Die Auberginen-, Zucchini- und Paprikawürfel dazugeben und 5 Min. mitdünsten.

TOMATEN überbrühen, eiskalt abschrecken, enthäuten, die Stielansätze und die Kerne entfernen, das Fruchtfleisch in Würfel schneiden. Die Tomatenwürfel zum Gemüse geben, die Kräuter der Provence hinzufügen, alles salzen und pfeffern. Das Gemüse 15 Min. offen schmoren.

SPAGHETTI in reichlich kochendem Salzwasser nach Packungsangabe bissfest kochen, dann abgießen und abtropfen lassen. Das Gemüse-Bolognese mit dem Aceto balsamico, Salz und Pfeffer abschmecken. Sofort mit den Spaghetti auf zwei Tellern anrichten.

*Pro Portion etwa: 17 g E/ 9 F/ 87 g KH/ 499 kcal*

## INFO

Zugegeben, an Vollkorn-Spaghetti muss man sich erst gewöhnen. Aber sagen Sie nicht gleich nein. Probieren Sie es aus, ein Mal, zwei Mal … Danach isst Ihr Kopf mit seinen Vorurteilen nicht mehr mit, und Sie spüren wie Ihre Bauchspeicheldrüse leise ‚Danke!' sagt. Sie muss nicht wie bei Nudeln aus Weißmehl so viel Insulin produzieren. Außerdem freuen sich auch Ihre Hüften: Sie horten weniger Fett.

# DITALINI MIT KRÄUTER-PILZEN

frisch und leicht

CHAMPIGNONS, Austern- und Shiitakepilze putzen, wenn nötig, abreiben. Die Champignons feinblättrig schneiden, die Austernpilze grob zerteilen. Bei den Shiitakepilzen die Stiele entfernen, die Hüte je nach Größe halbieren oder vierteln.

TOMATEN überbrühen, kalt abschrecken, enthäuten, die Stielansätze und die Kerne entfernen, das Fruchtfleisch würfeln. Die Ditalini in reichlich kochendem Salzwasser nach Packungsangabe bissfest kochen. Die Zwiebel und den Knoblauch schälen und fein würfeln.

OLIVENÖL in einer Pfanne erhitzen. Den Knoblauch durch die Presse drücken und dazugeben, mit den Zwiebelwürfeln bei mittlerer Hitze glasig dünsten. Die Pilze hinzufügen, 5 Min. mitdünsten, salzen und pfeffern. Die Tomatenwürfel unterrühren und 3 Min. schmoren. Die Kräuter, bis auf einige zum Garnieren, untermischen. Die Kräuter-Pilze mit Salz und Pfeffer abschmecken. Die Ditalini abgießen, kurz abtropfen lassen und unter die Sauce mischen. Mit den übrigen Kräutern bestreuen.

*Pro Portion etwa: 18 g E/ 10 g F/ 87 g KH/ 500 kcal*

**FÜR 2 PERSONEN**

125 g Champignons
125 g Austernpilze
50 g Shiitakepilze
500 g Tomaten
200 g kurze Röhrennudeln (z. B. Ditalini)
Salz
1 kleine Zwiebel
1 Knoblauchzehe
1 EL Olivenöl
2 EL frisch gehackte Kräuter (Rosmarin, Thymian, Salbei, Petersilie)
schwarzer Pfeffer

**ZUBEREITUNGSZEIT: 30 MIN.**

*PILZ-VARIATION:*
*Frische Pfifferlinge, Steinpilze und Maronen sind eine besonders aromatische Alternative während der Wildpilzsaison.*

# Fisch &
# Meeresfrüchte

FISCH ist die Krönung des intelligenten Essens, das Highlight der Forever-Young-Küche. Fisch ist Poesie für den Gaumen: Bouillabaisse, Zanderfilet mit Zitronenschaum, Seelachs mit Nusskruste, Muscheln im Koriandersud laden ein zu einer sinnlichen Geschmacksreise. Zart zerfällt das weiße Filet auf der Zunge, neckt mit Neptuns Aromenschatz den Gaumen, taucht die Seele in erfrischende Träume von Meeresstrand oder kühlen Gebirgsquellen. Fisch essen heißt Power pur tanken. Fisch lässt den wahren König der Tiere, den Albatros, 1500 Kilometer am Stück segeln – das Leben im Flug bewältigen. Carl Lewis, der schnellste Läufer der Welt, isst deshalb nur Fisch und Obst. Fisch enthält alle essentiellen Aminosäuren – die Bausteine des Lebens. Sie stärken jede einzelne Körperzelle, wecken Lust und Kreativität, feien gegen Stress, locken Psychohormone, die fröhlich machen. Sein Jod kurbelt die Energie-Zentrale, die Schilddrüse an, mehr von ihren Aktivhormonen zu bilden. Und sein Vitamin F (essentielle Fettsäuren, die im Fleisch nicht enthalten sind) stellt den ganzen Körper auf vital und gesund sein ein. Guten Appetit!

## INFO

Eiweiß ohne Fett – das hat Fisch zu bieten. Kabeljau, Seelachs, Scholle, Flunder enthalten nur ein einziges Prozent Fett und viel Jod. Schellfisch, Forelle, Garnele und Heilbutt sind ebenfalls magere Vertreter. Wenn Sie Fisch mit Gemüse kombinieren, wird das Eiweiß noch wertvoller.

# WIRSING-GEMÜSE MIT KABELJAU

einfach, süßsauer

**FÜR 2 PERSONEN**

300 g Kabeljaufilet
1/2 unbehandelte Zitrone
Salz, schwarzer Pfeffer
300 g Wirsing
1 Zwiebel
1 Apfel (Granny Smith)
1 EL Öl
75 ml Gemüsebrühe
2 EL Weißweinessig
1 TL brauner Rohrzucker
1/2 Bund Schnittlauch

**ZUBEREITUNGSZEIT: 30 MIN.**

KABELJAUFILET in 2–3 cm breite Stücke schneiden. Die Zitronenhälfte waschen, die Schale fein abreiben und den Saft auspressen. Den Fisch mit 1 EL Zitronensaft, der Zitronenschale, Salz und Pfeffer würzen und ziehen lassen.

WIRSING putzen, vom mittleren Strunk befreien, in feine Streifen schneiden, waschen und abtropfen lassen. Die Zwiebel schälen und in kleine Würfel schneiden. Den Apfel waschen, achteln, vom Kerngehäuse befreien, die Achtel quer in dünne Stücke schneiden und mit dem übrigen Zitronensaft beträufeln. Das Öl in einem Topf erhitzen,

Zwiebelwürfel und Wirsingstreifen darin 5 Min. bei mittlerer Hitze unter Rühren braten.

GEMÜSEBRÜHE mit dem Weißweinessig und dem Rohrzucker verrühren, angießen und aufkochen lassen. Die Apfel- und Fischstücke unterheben und zugedeckt 5–7 Min. bei schwacher Hitze ziehen lassen. Mit Salz und Pfeffer kräftig abschmecken.

SCHNITTLAUCH abbrausen, trockenschütteln, in feine Röllchen schneiden und über das Gemüse streuen. Dazu passt Vollkornreis.

*Pro Portion etwa: 30 g E/ 5 g F/ 13 g KH/ 225 kcal*

*EXOTISCHE VARIANTE: Kabeljau in einer Mischung aus Schale und Saft von 1/2 Orange, 1 TL fein geriebenem Ingwer und 1 EL Sherry marinieren. Fisch abtropfen lassen, mit 1 TL roten Chiliwürfeln und 2 gehackten Frühlingszwiebeln in 1 EL Öl braten, wieder herausheben. Wirsing in 75 ml Kokosmilch und der Marinade dünsten, den Fisch und Filets von 1 Orange dazugeben. Schnittlauch durch gehackten Koriander ersetzen.*

# KRÄUTER-GARNELEN MIT ZUCKERSCHOTEN
## leicht und frühlingsfrisch

**FÜR 2 PERSONEN**

300 g Zuckerschoten
150 g Frühlingszwiebeln
1 Bund Petersilie
8 Blätter Zitronenmelisse
8 rohe Riesengarnelen in
der Schale (etwa 300 g)
Salz
schwarzer Pfeffer
1 Eiweiß
1 EL Weizenvollkornmehl
2 EL Olivenöl
100 ml Fischfond (Glas)

**ZUBEREITUNGSZEIT:
30 MIN.**

ZUCKERSCHOTEN putzen, waschen und eventuell entfädeln. Die Frühlingszwiebeln waschen und putzen, das Weiße in feine Ringe, das Grüne schräg in 3 cm breite Stücke schneiden. Die Petersilie abbrausen, trockenschütteln, die Blätter von den Stielen zupfen und fein hacken. Die Zitronenmelisseblätter abreiben, fein hacken und mit der Petersilie vermischen. Die Kräutermischung auf einen Teller geben.

GARNELEN aus der Schale brechen, auf der Rückenseite auf-, aber nicht durchschneiden, den Darm entfernen. Die Garnelen waschen und trockentupfen, leicht salzen und pfeffern. Das

Eiweiß verquirlen. Die Garnelen nacheinander in Vollkornmehl, Eiweiß und beidseitig in den Kräutern wenden.

IN einer großen Pfanne 1 EL Olivenöl erhitzen, die Garnelen darin von beiden Seiten 5 Min. bei mittlerer Hitze braten, herausnehmen und warm halten.

DAS übrige Öl erhitzen. Die weißen Frühlingszwiebelringe darin anbraten. Die Zuckerschoten dazugeben, andünsten und mit Salz und Pfeffer würzen. Den Fond angießen und alles zugedeckt bei mittlerer Hitze 5 Min. dünsten. Das Frühlingszwiebelgrün untermischen, die Kräuter-Garnelen auf das Gemüse legen und zugedeckt 2 Min. ziehen lassen. Dazu passt eine Naturreis-Wildreis-Mischung.

*Pro Portion etwa: 40 g E/ 15 g F/ 28 g KH/ 410 kcal*

*SERVIERVARIANTE:*

*Diese Garnelen schmecken auch mit einem Limetten-Knoblauch-Dip köstlich: 100 g Joghurt (1,5 % Fett) und 50 g saure Sahne (10 % Fett) verrühren, salzen und pfeffern. 1 Knoblauchzehe schälen, durch die Presse drücken und dazugeben. Mit 1–2 TL Limettensaft und 1/2 TL geriebener Limettenschale abschmecken.*

# MEERESFRÜCHTE-KOKOS-CURRY

### jodhaltig, fruchtig-scharf

SEETEUFELFILET in Würfel, die Kalamare in Ringe schneiden. Die Garnelen kurz abbrausen und trockentupfen. Die Limette auspressen. Fischwürfel und Meeresfrüchte vermischen und mit dem Limettensaft beträufeln, salzen und pfeffern.

MANGO schälen, das Fruchtfleisch vom Stein schneiden und würfeln. Die Zwiebel und den Ingwer schälen und in kleine Würfel schneiden. Die Chilischote waschen, längs halbieren, entkernen und winzig klein würfeln. Den Backofen auf 200° vorheizen.

DAS Öl erhitzen. Die Zwiebelwürfel darin glasig dünsten. Ingwer, Chili, Curry, Kurkuma und Koriander dazugeben und kurz anschwitzen. Den Fond und die Kokoscreme angießen, aufkochen und 5 Min. bei schwacher Hitze kochen. Mit Salz und Pfeffer abschmecken.

VIER große Stücke Alufolie jeweils doppelt legen. Die marinierten Meeresfrüchte mit den Mangowürfeln vermischen und in die Mitte der Folie geben. Mit der Würz-Kokosmilch begießen. Die Alufolie so zu Päckchen verschließen, dass die Seiten fest verschlossen und dicht sind.

FISCHPÄCKCHEN mit der Nahtseite nach oben auf ein Backblech legen und im Backofen (Mitte, Umluft 180°) in 20 Min. garen. Die Fischpäckchen herausnehmen, öffnen und auf einer vorgewärmten Platte servieren. Dazu passt Vollkorn-Basmatireis.

*Pro Portion etwa: 27 g E/ 8 g F/ 25 g KH/ 283 kcal*

## TIPP

**Fisch enthält alle essentiellen Aminosäuren plus Omega-3-Fettsäuren plus Vitamine und Mineralien. Warum? Der Fisch isst roh. Er hat in seinen Zellen alles, was der Mensch gerne hätte, aber nie bekommt. Der Mensch isst gekocht. Seine Zellen verhungern im kalorischen Überfluss. Essen Sie ab und zu rohen Fisch. Denn dort steckt alles, was Sie brauchen – sogar Pflanzenwirkstoffe, weil der Fisch Algen isst.**

### FÜR 2 PERSONEN

100 g Seeteufelfilet
100 g Kalamare
100 g geschälte, rohe Riesengarnelen
1 Limette
Salz, schwarzer Pfeffer
1 feste Mango
1 kleine Zwiebel
1 haselnussgroßes Stück Ingwer
1 rote Chilischote
1 EL Öl
2 TL scharfes Currypulver
1 TL Kurkuma
1 TL Korianderpulver
100 ml Fischfond (Glas)
100 g ungesüßte Kokoscreme (Dose)
Alufolie

### ZUBEREITUNGSZEIT: 30 MIN.
### BACKZEIT: 20 MIN.

*FISCH-VARIATION:*
*Frischen Fisch und Meeresfrüchte durch eine tiefgekühlte Mischung ersetzen. Über Nacht im Kühlschrank auftauen lassen.*

# SEEZUNGENFILET IN GRAPEFRUITSAUCE

*einfach, doch raffiniert*

### FÜR 2 PERSONEN

1 1/2 rosa Grapefruits
2 Schalotten
1 kleine rote Chilischote
4 Seezungenfilets
(à etwa 100 g)
Salz
schwarzer Pfeffer aus der
Mühle
2 EL Limettensaft
2 EL Rapsöl
1/8 l Fischfond (Glas)
1 EL Honig
1/2 Bund Dill
fein abgeriebene Schale
von 1 Limette
1 g Biobin (Reformhaus)

### ZUBEREITUNGSZEIT:
### 30 MIN.

DIE 1/2 Grapefruit auspressen. Von der übrigen Grapefruit die Schale samt der weißen Haut abschneiden. Die Grapefruitfilets heraustrennen und in einem Sieb abtropfen lassen, dabei den Saft auffangen. Das restliche Fruchtfleisch auspressen und mit dem übrigen Grapefruitsaft mischen. Die Schalotten schälen und in feine Würfel schneiden. Die Chilischote waschen, längs halbieren, entkernen und in sehr kleine Würfel schneiden.

DIE Seezungenfilets mit Salz, Pfeffer und dem Limettensaft würzen.

1 EL Rapsöl in einer Pfanne erhitzen, die Schalottenwürfel darin glasig dünsten. Den Fischfond, Grapefruitsaft und Honig dazugeben, mit Salz und Pfeffer abschmecken und alles bei starker Hitze 5 Min. einkochen lassen. Das übrige Rapsöl erhitzen. Die Seezungenfilets darin bei starker Hitze 6 Min. braten, ein Mal wenden.

DILL abbrausen, trockenschütteln, die Blätter abzupfen und fein hacken. Die Grapefruitstücke, die Chiliwürfel, die Limettenschale und das Biobin in den Fond geben und erhitzen. Den Dill untermischen. Die Grapefruitsauce mit Salz und Pfeffer abschmecken. Die Seezungenfilets auf der Grapefruitsauce anrichten. Dazu passt Vollkorn-Reis mit Wildreis.

*Pro Portion etwa: 37 g E/ 17 g F/ 22 g KH/ 384 kcal*

## TIPP

**Seezungenfilets mit einer Farce aus 60 g fettarmem Frischkäse, 2 EL gedünsteten Schalottenwürfeln und 1/2 Bund gehacktem Dill bestreichen. Mit der Hautseite nach innen zusammenrollen. Die Röllchen in der Grapefruitsauce zugedeckt 10 Min. garen.**

## ZANDERFILET MIT ZITRONENSCHAUM

sanft gedünstet, für Gäste

### FÜR 2 PERSONEN

400 g Blattspinat
Salz
3 TL Olivenöl
2 Schalotten
150 ml Fischfond (Glas)
300 g Zanderfilets
100 ml Weißwein
1/2 unbehandelte Zitrone
1 Eigelb
50 g Joghurt (0,3 % Fett)
schwarzer Pfeffer

### ZUBEREITUNGSZEIT:
45 MIN.

SPINAT waschen, verlesen und in kochendem Salzwasser 1 Min. blanchieren, kalt abschrecken und abtropfen lassen. Den Backofen auf 200° vorheizen. Eine mittelgroße Gratinform mit 1 TL Olivenöl einfetten. Die Schalotten schälen, in feine Würfel schneiden und in der Form verteilen. Den Fischfond angießen. Die Zanderfilets mit einer Pinzette entgräten, salzen und in die Form geben. Den Wein hinzufügen.

ZANDERFILETS im Backofen (Mitte, Umluft 180°) 20 Min. dünsten. Zanderfilets aus dem Sud heben und warm halten. Den Sud in einen Topf abgießen und bei starker Hitze auf die Hälfte einkochen lassen.

ZITRONENHÄLFTE waschen, die Schale fein abreiben und den Saft auspressen. Das Eigelb mit 1 EL Zitronensaft, Zitronenschale und Salz verrühren, den Joghurt untermischen. Die Schüssel mit der Eigelbmasse im heißen Wasserbad mit den Quirlen des Handrührgerätes schaumig schlagen. 100 ml reduzierten Fond durch ein Sieb gießen, nach und nach unterschlagen. Die Sauce salzen und pfeffern.

ÜBRIGES Öl erhitzen, den Spinat darin 3 Min. dünsten, salzen und pfeffern. Auf vorgewärmten Tellern mit den Zanderfilets und dem Zitronenschaum anrichten.

*Pro Portion etwa: 37 g E/ 12 g F/ 8 g KH/ 315 kcal*

*GEBRATENE VARIATION:*
*400 g Zanderfilets mit Haut nehmen, die Hautseite nicht zu tief kreuzweise einschneiden und salzen. In 1 EL Olivenöl mit der Hautseite nach unten 8 Min. braten, dann wenden. Für die Sauce Zitronenschale und -saft mit Weißwein und Fischfond auf die Hälfte einkochen, mit 1 g Biobin binden und beiseite stellen. Joghurt unterrühren.*

# MUSCHELN IM KORIANDERSUD

raffiniert und exotisch

**FÜR 2 PERSONEN:**

1,2 kg Miesmuscheln
150 g Möhren
150 g Staudensellerie
1 Frühlingszwiebel
50 g Shiitakepilze
1 Knoblauchzehe
2 TL Erdnussöl
300 ml Fischfond (Glas)
1/8 l Weißwein
2 kleine rote Chilischoten
1/2 Bund Koriandergrün
5 Zitronenblätter, Salz

**ZUBEREITUNGSZEIT:
30 MIN.**

MUSCHELN unter fließendem, kaltem Wasser gründlich abbürsten, dabei bereits geöffnete Muscheln wegwerfen.

MÖHREN putzen, schälen und schräg in dünne Scheiben schneiden. Den Staudensellerie waschen, putzen und in dünne Scheiben schneiden. Die Frühlingszwiebel waschen und putzen, nur das Weiße und Hellgrüne in dünne Ringe schneiden. Die Shiitakepilze abreiben, Stiele herausschneiden und die Hüte vierteln. Den Knoblauch schälen und fein würfeln.

FÜR den Sud das Erdnussöl in einem breiten Topf erhitzen. Möhren, Sellerie, Frühlingszwiebeln und Pilze mit dem Knoblauch darin bei mittlerer Hitze 3 Min. andünsten. Den Fond und den Wein angießen und zum Kochen bringen. Die Chilischoten waschen und längs einritzen. Den Koriander abbrausen, trockenschütteln, die Blätter abzupfen, mit den Chilis und den Zitronenblättern in den Topf geben, salzen und alles 5 Min. kochen lassen.

MUSCHELN hinzufügen und zugedeckt 6–8 Min. garen, bis alle Schalen geöffnet sind. Noch geschlossene Muscheln entfernen. Muscheln und Gemüse anrichten, den Sud zum Schluss auslöffeln. Dazu passt Vollkorn-Baguette.

TIPP: Zitronenblätter heißen auch Kaffir- oder Limonenblätter und sind im Asienladen erhältlich. Ersatzweise Zitronen- oder Limettenschale nehmen.

*Pro Portion etwa: 27 g E/10 g F/ 18 g KH/ 313 kcal*

STILECHT SERVIERT:

*Der Wok ist mit seiner bauchigen Form zum Muschelkochen ideal: Er fasst eine große Portion, der geräumige Deckel nimmt die leeren Schalen auf, und das gusseiserne Material hält die Muscheln bei Tisch lange warm.*

# SCHWERTFISCHSPIESSE MIT KRÄUTERJOGHURT

leicht, sommerlich

SCHWERTFISCH würfeln. 1 Zitrone auspressen. 3 EL Zitronensaft mit dem Olivenöl, Salz und Pfeffer verquirlen. Den Knoblauch schälen, durch die Presse drücken und dazugeben. Die Fischwürfel in der Marinade wenden und 20 Min. ziehen lassen.

FÜR den Dip die Petersilie abbrausen, trockenschütteln, die Blätter von den Stielen zupfen und mit dem Basilikum hacken. 1 EL Zitronensaft und den Joghurt hinzufügen und mit dem Pürierstab pürieren. Den Quark unterrühren. Mit Salz und Pfeffer abschmecken und den Dip kalt stellen.

PAPRIKA halbieren, von Stielansatz, Kernen und Trennwänden befreien, waschen und in 2,5 cm große Stücke schneiden. Den Zucchino waschen, putzen und in 1/2 cm dicke Scheiben schneiden. Den Fisch abtropfen lassen. Die Schalotten schälen und je nach Größe halbieren oder vierteln. Die Salbeiblätter abreiben. Abwechselnd die Paprika-, Zucchini- und Schalottenstücke mit den abgetropften Fischwürfeln und den Salbeiblättern auf Schaschlikspieße reihen.

BACKOFEN-GRILL vorheizen. Die Spieße auf den Rost legen, die Fettpfanne darunter schieben und die Spieße 5 Min. von jeder Seite grillen, dabei öfter mit der Marinade bestreichen. Die übrige Zitrone vierteln. Die Spieße mit dem Dip und Zitronenvierteln anrichten.

*Pro Portion etwa: 31 g E/ 18 g F/ 13 g KH/ 335 kcal*

## TIPP

**Die Schilddrüse baut aus Jod und Tyrosin ihre Hormone auf, die als Zündholz in all den kleinen Energie-Öfchen der Zelle dienen. Ohne Jod null Energie, null Fitness. Deutschland ist Jodmangel-Gebiet. Deswegen sind hier auch so viele Menschen schlapp und müde. Essen Sie deshalb öfter Seefisch. Er saugt sich voll mit dem Energie-Element aus dem Meer. Süßwasserfische wie Lachs oder Forelle enthalten deutlich weniger Jod.**

FÜR 2 PERSONEN

250 g Schwertfischsteaks
2 Zitronen
2 EL Olivenöl
Salz
schwarzer Pfeffer aus der Mühle
1 Knoblauchzehe
1/2 Bund Petersilie
6 Basilikumblätter
100 g Joghurt (1,5 % Fett)
100 g Quarkzubereitung (0,2 % Fett)
1 kleine rote Paprikaschote
1 kleiner Zucchino
3 Schalotten
8 Salbeiblätter
2 Schaschlikspieße

ZUBEREITUNGSZEIT: 40 MIN.

*KARTOFFEL-VARIANTE: 2 Pellkartoffeln (etwa 200 g) schälen und abgekühlt in 1/2 cm dicke Scheiben schneiden. Mit Fisch und Gemüse aufspießen und grillen.*

# LACHSFORELLE IN DER SALZKRUSTE

### würzig, für Gäste

**FÜR 2 PERSONEN**

1 Lachsforelle (etwa
500–600 g)
Salz
schwarzer Pfeffer
1/2 Bund Petersilie
3 Zweige Estragon
2 EL Zitronensaft
1 EL Olivenöl
1 Knoblauchzehe
1 kg grobes Meersalz
3 Eiweiße
100 g Joghurt (1,5 % Fett)
50 g saure Sahne
1 TL Dijon-Senf
1/2 Bund Dill
30 g Forellen-Kaviar

**ZUBEREITUNGSZEIT:
45 MIN.**

LACHSFORELLE kalt waschen, mit Küchenpapier trockentupfen, innen und außen mit Salz und Pfeffer würzen. Den Backofen auf 225° vorheizen. Die Petersilie und den Estragon waschen, trockenschütteln, die Blätter von den Stielen zupfen und grob hacken. 1 EL Zitronensaft und das Olivenöl unterrühren, mit Salz abschmecken. Den Knoblauch schälen, durch die Presse drücken und dazugeben. Die Petersilie und den Estragon mischen und in die Bauchhöhle der Lachsforelle geben.

MEERSALZ und die Eiweiße verrühren. Ein Drittel davon auf einem Backblech ausbreiten. Die Lachsforelle darauf legen und mit der übrigen Meersalzmasse dick bestreichen. Im Backofen (Mitte, Umluft 200°) 25 Min. backen.

JOGHURT, saure Sahne und Senf glatt rühren. Mit Salz und Pfeffer abschmecken. Den Dill abbrausen, trockenschütteln, einige Zweige beiseite legen, die Blätter von den Stielen zupfen, hacken und unterrühren. Die Joghurt-Sauce mit dem Kaviar bestreuen und mit Dill garnieren. Den Fisch auf dem Backblech servieren. Die Salzkruste mit einem Holzspatel aufklopfen und den Fisch portionieren. Die Joghurt-Sauce extra dazu reichen. Dazu passen Salat und Pellkartoffeln.

*Pro Portion etwa: 71 g E/ 20 g F/ 5 g KH/ 484 kcal*

# TIPP

Grobes Meersalz schmeckt nach Meer und Jod. Es ist ideal zum Backen, da es eine feste Kruste bildet, die Sie gut aufbrechen können. Normales Salz dagegen ist fein und lässt sich nur schwer abheben, der Fisch schmeckt auch zu salzig.

**INFO**

Genießen Sie Fisch und das Heidelbeer-Sorbet von Seite 158. Was passiert? Im Fisch steckt die Aminosäure Tryptophan. Daraus bildet das Gehirn Serotonin, das Hormon, das fröhlich macht. Das Sorbet lockt mit seinen Kohlenhydraten Insulin, das sorgt dafür, dass genügend Tryptophan ins Gehirn strömt.

# BROKKOLI-LACHS-REIS

edel, für sonntags

**FÜR 2 PERSONEN**

150 g Vollkornreis
Salz
1/2 Päckchen Safranfäden
300 g Brokkoli
200 g Lachsfilet
1 EL Zitronensaft
schwarzer Pfeffer
2 Schalotten
2 EL Olivenöl
1/8 l Weißwein
1/8 l Fischfond (Glas)
Cayennepfeffer

**ZUBEREITUNGSZEIT: 40 MIN.**

VOLLKORNREIS mit 400 ml kaltem Wasser, 1 TL Salz und den Safranfäden zum Kochen bringen. Die Hitze reduzieren, den Reis dazugeben und zugedeckt bei schwacher Hitze 30 Min. quellen lassen. Den Reis mit einer Gabel auflockern und ausdampfen lassen.

BROKKOLI waschen und putzen, die Röschen abschneiden, die Stiele schälen und schräg in 2 cm große Stücke schneiden. Die Brokkolistiele in kochendem Salzwasser 4 Min., die Brokkoliröschen 3 Min. blanchieren, herausnehmen, kalt abschrecken und in einem Sieb abtropfen lassen.

LACHSFILET in mundgerechte Würfel schneiden, mit dem Zitronensaft beträufeln, mit Salz und Pfeffer würzen. Die Schalotten schälen und sehr fein würfeln. Das Olivenöl erhitzen und die Schalottenwürfel darin glasig dünsten. Den Wein und den Fischfond angießen, aufkochen lassen und den Lachs dazugeben. Zugedeckt bei schwacher Hitze 5 Min. ziehen lassen. Den Lachs aus dem Sud heben. Den Fischsud bei starker Hitze 5 Min. einkochen lassen. Den Brokkoli und den Reis in der Sauce wenden. Den Lachs vorsichtig unterheben, mit Salz, Pfeffer und 1 Prise Cayennepfeffer abschmecken.

*Pro Person etwa: 30 g E/ 23 g F/ 48 g KH/ 430 kcal*

*NUDEL-VARIANTE:*
*Den Reis durch 150 g Vollkorn-Penne ersetzen und in dem eingekochten und mit Safran gewürzten Fischsud schwenken. Mit 1 EL gerösteten Mandelblättchen bestreuen.*

# SPAGHETTI À LA MARE

für gute Freunde

**FÜR 2 PERSONEN**

300 g Venusmuscheln
1/8 l Weißwein
150 g Kalamare
100 g rohe geschälte
Riesengarnelen
1 Möhre
1 kleiner Chicorée
1 Knoblauchzehe
200 g Vollkorn-Spaghetti
Salz, 1 EL Olivenöl
1/2 Bund Petersilie
schwarzer Pfeffer

**ZUBEREITUNGSZEIT:**
**40 MIN.**

VENUSMUSCHELN waschen, bereits geöffnete Muscheln wegwerfen. Im Weißwein zugedeckt bei schwacher Hitze 6 Min. dünsten, bis die Muscheln sich geöffnet haben, abgießen und dabei den Sud auffangen. Die Hälfte der Venusmuscheln aus den Schalen lösen.

KALAMARE waschen, putzen und klein schneiden. Die Riesengarnelen abbrausen und abtropfen lassen. Die Möhre putzen, schälen und in kleine Würfel schneiden. Den Chicorée putzen, halbieren, von dem Strunk befreien und in Streifen schneiden. Den Knoblauch schälen und fein hacken.

SPAGHETTI in reichlich kochendem Salzwasser nach Packungsangabe bissfest garen. Das Olivenöl in einer großen Pfanne erhitzen. Die Möhren, den Chicorée und den Knoblauch darin bei mittlerer Hitze 3 Min. braten. Die Riesengarnelen und die Kalamare hinzufügen und kurz mitdünsten. Den Muschelsud angießen und bei schwacher Hitze 5 Min. kochen lassen.

PETERSILIE waschen, trockenschütteln und hacken. Die Nudeln abgießen und abtropfen lassen. Mit den Muscheln und der Petersilie in die Pfanne geben. Alles ziehen, aber nicht mehr kochen lassen. Mit Salz und Pfeffer abschmecken.

*Pro Portion etwa: 38 g E /10 g F/83 g KH/ 616 kcal*

*ZUM VERFEINERN:*
*Den Muschelsud durch ein feines Sieb gießen, damit der Sand zurückbleibt und die Sauce beim Essen nicht knirscht.*

# Leichtes mit Fleisch

VOR etwa zwei Millionen Jahren sind die Ur-Vegetarier ausgestorben. Die Natur hat sich nämlich während der Evolution mit dem Gehirn etwas Besonderes einfallen lassen: Phosphor + Bewegung = IQ (Intelligenzquotient). Der Hintergrund: Die Gehirnmasse, also die Anzahl der Gehirnzellen, liegt bereits bei der Geburt fest. Im Laufe des Lebens vermehrt sich nur die Anzahl der Verbindungen zwischen den Nervenzellen, es entwickelt sich das neuronale Netz, unser Datenspeicher, das Gedächtnis. Je mehr Verbindungen, desto höher die Intelligenz. Dafür braucht man zwei Dinge: Fettsäuren und Phosphor. Fettsäuren liefern die Pflanzen. Phosphor dagegen kaum. Der Engpass für die Gehirnentwicklung heißt also Phosphor, denn dieses Element ist rar in der Natur. Die beste Quelle für Phosphor ist Fleisch. Je mehr Jagdglück der Urmensch hatte, desto mehr Phosphor nahm er auf, desto größer wurde sein Gehirn. Allerdings musste Fleisch früher erst erobert werden. Das war mehr als nur der Gang zum Metzger. Wissenschaftler wissen heute noch mehr: Auch ohne Bewegung gibt es kein neuronales Netz. Laufen Sie also – täglich 30 Minuten. Dann genießen Sie das Hühnchen in Erdnuss-Sauce oder das Frühlings-Kaninchen aus der Pfanne – und Ihr IQ steigt und steigt und steigt.

# GRÜNE BOHNEN MIT HÄHNCHEN

scharf, nach Thai-Art

**FÜR 2 PERSONEN**

150 g Hähnchenbrustfilet
250 g grüne Bohnen
150 g Frühlingszwiebeln
1 kleines Stück Ingwer
1 Knoblauchzehe
1/8 l Gemüsefond (Glas)
1 EL Fischsauce
(Asienladen)
1 TL grüne Currypaste
(Asienladen)
1 EL Sojaöl
Salz, schwarzer Pfeffer

**ZUBEREITUNGSZEIT:
30 MIN.**

HÄHNCHENBRUSTFILET in 1 cm große Würfel schneiden. Die Bohnen waschen, putzen, dabei eventuell entfädeln und schräg in feine Stücke schneiden. Die Frühlingszwiebeln waschen und putzen, das Weiße und Hellgrüne in feine Ringe schneiden. Den Ingwer und den Knoblauch schälen und beides sehr klein würfeln. Für die Würzsauce den Gemüsefond, die Fischsauce und die Currypaste in einem Schälchen verrühren.

SOJAÖL im Wok oder in einer Pfanne erhitzen, den Ingwer, den Knoblauch und das Weiße der Frühlingszwiebeln darin anrösten. Die Fleischwürfel und die Bohnenstücke hinzufügen und bei mittlerer Hitze unter Rühren 3 Min. braten, mit Salz und Pfeffer würzen. Die Würzsauce angießen und die Bohnen zugedeckt bei schwacher Hitze in 6–8 Min. bissfest garen. Das Frühlingszwiebelgrün hinzufügen und bei mittlerer Hitze noch 2 Min. kräftig rühren. Auf Tellern anrichten und servieren. Dazu passt Vollkornreis.

*Pro Person etwa: 22 g E/ 7 g F/ 11 g KH/ 199 kcal*

*REIS-VARIANTE:*

*150 g Vollkornreis in 400 ml Salzwasser kochen, offen ausdampfen lassen, mit einer Gabel auflockern und unter die gewürzten Bohnen mischen. Das Grüne der Frühlingszwiebeln und ein verquirltes Ei dazugeben und bei mittlerer Hitze noch 2 Min. kräftig rühren.*

# HÄHNCHENFILET IM MANGOLDMANTEL

leicht und fein

**FÜR 2 PERSONEN**

4 große Mangoldblätter
Salz
1 Frühlingszwiebel
1 Bund Petersilie
2 TL Rapsöl
2 Hähnchenbrustfilets
(à etwa 100 g)
schwarzer Pfeffer
2 TL Pesto
150 g Joghurt (1,5 % Fett)
1–2 TL Zitronensaft
1 Bund Schnittlauch

**ZUBEREITUNGSZEIT:
35 MIN.**

MANGOLDBLÄTTER waschen, von den Stielen und Strünken befreien. In kochendem Salzwasser 30 Sek. blanchieren, kalt abschrecken und auf Küchenpapier ausbreiten. Die Mangoldstiele sehr fein würfeln. Den Strunk keilförmig herausschneiden. Die Frühlingszwiebel waschen, putzen und ebenfalls klein würfeln. Die Petersilie abbrausen, trockenschütteln, die Blätter von den Stielen zupfen und fein hacken.

RAPSÖL in einer Pfanne erhitzen, die Hähnchenbrustfilets von beiden Seiten je 2 Min. anbraten, herausnehmen, salzen und pfeffern. Die Mangoldstiele und die Frühlingszwiebeln in dem verbliebenen Bratfett 2 Min. anbraten, beiseite stellen und etwas abkühlen lassen. Mit der Petersilie und dem Pesto vermischen, salzen und pfeffern.

MANGOLDBLÄTTER doppelt auslegen, die Paste auf den Blättern verteilen. Die Hähnchenbrustfilets darauf legen, Die Mangoldblätter so über der Füllung einklappen, dass Päckchen entstehen. Auf einen Dämpfeinsatz legen und über einer Hand breit kochendem Salzwasser zugedeckt bei schwacher Hitze 10 Min. dämpfen.

JOGHURT mit Salz, Pfeffer und Zitronensaft verrühren. Den Schnittlauch abbrausen, trockenschütteln und bis auf 1 EL untermischen. Die Sauce mit dem übrigen Schnittlauch bestreuen und zu den Mangoldpäckchen servieren

*Pro Person etwa: 32 g E/ 10 g F/ 5 g KH/ 243 kcal*

*SAUCEN-VARIANTE:*

*500 g Tomaten überbrühen, häuten, vierteln, entkernen und hacken.
1 TL Olivenöl erhitzen.
1 Knoblauchzehe schälen, durch die Presse drücken und mit den Tomaten darin anschwitzen. Offen bei schwacher Hitze dünsten, bis die Flüssigkeit verdampft ist. Die Tomatensauce salzen und pfeffern, statt der Schnittlauchsauce zu den Mangoldpäckchen servieren.*

# ANANAS-PUTEN-FLEISCH

**fruchtig-frisch und scharf**

**FÜR 2 PERSONEN**

250 g Putenbrustfilet
1/2 unbehandelte Zitrone
2 EL Sojasauce
2–3 TL Currypulver
1 Knoblauchzehe
350 g Ananas
1 gelbe Paprikaschote
1 weiße Zwiebel
2 TL brauner Rohrzucker
3 EL Weißwein
1 EL Öl
1/2 TL Cayennepfeffer
100 ml Hühnerbrühe
Salz
schwarzer Pfeffer

**ZUBEREITUNGSZEIT:
45 MIN.**

*FRUCHTIGE VARIANTE:
Die Ananasstücke durch
250 g frische Zwetschgen-
spalten ersetzen und im
Karamel dünsten. Statt Paprikastreifen 150 g feine
Lauchringe verwenden.*

PUTENBRUSTFILET in dünne Scheiben schneiden. Die Zitronenschale fein
abreiben, den Saft auspressen. Zitronenschale und -saft mit der Sojasauce
und 1 TL Curry verrühren. Den Knoblauch schälen, durch die Presse drücken
und dazugeben. Das Fleisch in der Marinade 30 Min. ziehen lassen.

ANANAS schälen, von dem harten Mittelstrunk befreien und in Stücke schneiden. Die Paprika halbieren, von Stielansatz, Kernen und Trennwänden befreien, waschen und in feine Streifen
schneiden. Die Zwiebel schälen und in
feine Halbringe schneiden.

ZUCKER erhitzen, bis er schmilzt. Den
Wein dazugeben und bei schwacher Hitze kochen lassen, bis sich der Karamel
gelöst hat. Die Ananas hinzufügen,
3 Min. dünsten und beiseite stellen. Das
Fleisch abtropfen lassen. Das Öl erhitzen und das Fleisch in 2–3 Min. anbraten. Herausnehmen und warm stellen.
Die Paprika und die Zwiebeln im übrigen Bratfett 5 Min. anbraten. Den übrigen Curry und Cayennepfeffer darüber
stäuben. Übrige Marinade und die
Brühe angießen, alles 5 Min. dünsten.
Fleisch und Ananas untermischen und
3 Min. ziehen lassen. Salzen und Pfeffern.

*Pro Person etwa: 33 g E/ 9 g F/ 42 g KH/
400 kcal*

# INFO

**Optimisten haben ein sonniges
Gemüt. Ihre Farbe ist Gelb. Das
Gelb der Ananas und ihr fruchtig-
süßes Aroma drehen jeden Pessi-
misten einfach um – und ganz sicher in Kombination mit zartem
Geflügel. Es liefert die gehirnaktiven Eiweißbausteine Phenylalanin und Tryptophan, die Mo-
leküle, auf die das Gehirn mit
Wohlgefühl, Freude und Kreativität reagiert.**

# PUTENBRATEN AUS DEM TONTOPF

einfach, doch raffiniert

PUTENBRUSTFILET waschen und trockentupfen. 1 Schalotte schälen und vierteln. Den Knoblauch schälen und in Scheiben schneiden. Beides mit den Kräutern der Provence, dem Lorbeerblatt, Salz und Pfeffer in eine Schüssel geben. Den Geflügelfond und den Weißwein darüber gießen. Das Fleisch einlegen und zugedeckt über Nacht marinieren.

AM nächsten Tag den Römertopf 10 Min. in kaltem Wasser einweichen. Die Kartoffeln schälen und längs in Spalten schneiden. Den Zucchino waschen, putzen und in 1/2 cm dicke Scheiben schneiden. Die übrigen Schalotten schälen und längs vierteln. Den Mais abtropfen lassen.

KARTOFFELN, Zucchini, Schalotten und Mais vermischen, mit Salz und Pfeffer würzen und in den Römertopf füllen. Das Fleisch darauf legen. Die Marinade darüber gießen. Den Deckel auflegen. Den Römertopf in den kalten Backofen (Mitte) stellen. Den Braten bei 225° (Umluft 200°) etwa 90 Min. schmoren. Das Fleisch in dünnen Scheiben mit dem Gemüse anrichten. Mit dem Schmorsud beträufeln und mit Zitronenscheiben servieren.

*Bei 2 Portionen pro Person etwa: 70 g E/ 6 g F/ 66 g KH/ 645 kcal*

### FÜR 2–3 PERSONEN

500 g Putenbrustfilet am Stück

100 g Schalotten

2 Knoblauchzehen

1 TL Kräuter der Provence

1 Lorbeerblatt

Salz

schwarzer Pfeffer

1/4 l Geflügelfond (Glas)

1/8 l Weißwein

400 g Kartoffeln

1 gelber Zucchino

100 g Maiskörner (Dose)

### ZUBEREITUNGSZEIT: 2 STD.

### MARINIERZEIT: 12 STD.

*ZUM VERFEINERN:*

*Die Hälfte des weich gekochten Gemüses fein pürieren. Die Sauce mit 2 EL Sahne verfeinern, abschmecken und eventuell passieren. Mit 1/2 Bund gehackter Petersilie bestreut zum Fleisch und Gemüse servieren.*

# MANDEL-HÄHNCHEN MIT TOMATENGEMÜSE
### für Gäste, einfach

**FÜR 2 PERSONEN**

500 g Tomaten
1 rote Zwiebel
1 Knoblauchzehe
3-4 Zweige Thymian
2 EL Öl
Salz, schwarzer Pfeffer
3 EL Sherry (Fino)
2 Hähnchenbrustfilets
1 Ei
1 EL Weizenvollkornmehl
40 g gehobelte Mandeln

**ZUBEREITUNGSZEIT: 30 MIN.**

TOMATEN überbrühen, abschrecken, enthäuten, von den Stielansätzen befreien, vierteln und grob hacken. Die rote Zwiebel schälen und in Achtel schneiden. Den Knoblauch schälen und fein würfeln. Den Thymian abbrausen, trockenschütteln und die Blättchen von den Stielen streifen.

IN einem Topf 2 TL Öl erhitzen, die Zwiebel und den Knoblauch darin bei mittlerer Hitze glasig dünsten. Die Tomaten und den Thymian dazugeben, mit Salz und Pfeffer würzen. Den Sherry dazugeben und das Tomatengemüse zugedeckt bei mittlerer Hitze 15 Min. dünsten.

HÄHNCHENBRUSTFILETS waschen und mit Küchenpapier trockentupfen, mit Salz und Pfeffer würzen. Das Ei in einem tiefen Teller verquirlen. Das Mehl und die Mandelblättchen jeweils auf einen flachen Teller geben. Das Fleisch nacheinander in Vollkornmehl, Ei und Mandeln wenden.

ÜBRIGES Öl in einer Pfanne erhitzen, die Hähnchenbrustfilets darin bei schwacher Hitze in 10–12 Min. auf beiden Seiten goldbraun braten. Mit dem Tomatengemüse anrichten. Dazu passt Vollkorn-Basmati-Reis.

*Pro Person etwa: 46 g E/ 24 g F/ 18 g KH/ 513 kcal*

*SOUFFLÉ-VARIANTE: Hähnchenbrustfilets kurz anbraten und mit dem Tomatengemüse in eine Gratinform geben. 1 Eigelb, 1 EL Weizenvollkornmehl, 2 TL Schmand und 25 g geriebenen Parmesan verrühren, salzen und pfeffern. 1 Eiweiß steif schlagen. Eiweiß und 1 EL geröstete Mandelblättchen unterheben. Die Soufflémasse auf den Filets verteilen. Im Backofen (Mitte) bei 225° in 20 Min. goldbraun überbacken.*

# ROTES PAPRIKA-LAMMFLEISCH

**würzig und kräftig**

**FÜR 2 PERSONEN**

250 g Lammlende
Pfeffer, 2 TL Thymian
3 rote Paprikaschoten
100 g Schalotten
1 Knoblauchzehe
1 EL Olivenöl, Salz
2 TL Paprikapulver,
edelsüß
1/2 TL Paprikapulver,
rosenscharf
100 ml Rinderfond (Glas)
50 ml kräftiger Rotwein

**ZUBEREITUNGSZEIT:
30 MIN.**

**LAMMLENDE** in dünne Scheiben schneiden, mit Pfeffer und 1 TL Thymian einreiben. Die Paprika von Stielansätzen, Kernen und Trennwänden befreien, waschen und in 2 cm große Würfel schneiden. Die Schalotten schälen, je nach Größe vierteln oder halbieren. Den Knoblauch schälen und fein würfeln.

**OLIVENÖL** in einer Pfanne erhitzen. Das Fleisch darin bei mittlerer Hitze in 5 Min. rundherum kräftig anbraten. Herausnehmen, salzen und warm stellen. Die Paprikawürfel, Schalotten und Knoblauch in die Pfanne geben und in dem verbliebenen Bratfett 5 Min. anbraten. Mit edelsüßem und rosen-

scharfem Paprikapulver bestäuben und kurz anschwitzen. Mit dem Fond und dem Rotwein ablöschen. Mit Salz, Pfeffer und dem übrigen Thymian würzen. Alles aufkochen und offen bei mittlerer Hitze 5 Min. schmoren.

**LAMMFLEISCH** samt Fleischsaft in die Pfanne geben und kurz erwärmen. Dazu passt Polenta oder Vollkorn-Baguette.

**TIPP:** Lammlende ist ausgelöster Lammrücken und wird häufig auch als Lammlachse angeboten.

*Pro Person etwa: 25 g E/31 g F/11 g KH/ 434 kcal*

*GEMÜSE-VARIANTE:
Paprikaschoten durch
Gärtnergurken, Schalotten
durch Zwiebeln und Frühlingszwiebeln ersetzen.
Statt Rotwein Weißwein
verwenden. 4 Blätter Zitronenmelisse und 1/2 Bund
Petersilie hacken. Kräuter
und 2 EL Sahne unter das
Fleisch rühren. Mit 1–2 TL
Zitronensaft würzen.*

# HÜHNCHEN
# IN ERDNUSS-SAUCE

fein, für Gäste

**FÜR 2 PERSONEN**

2 Hähnchenbrustfilets
(etwa 250 g)
3 EL Sojasauce
1 TL Ahornsirup
1 haselnussgroßes Stück
Ingwer
1 Knoblauchzehe
Salz
schwarzer Pfeffer
50 g geschälte Erdnuss-
kerne
2 Schalotten
2 TL Erdnussöl
150 ml Hühnerbrühe
1/2 TL Sambal Oelek
1 EL Zitronensaft
100 g Joghurt (1,5 % Fett)

**ZUBEREITUNGSZEIT:
35 MIN.
MARINIERZEIT:
2 STD.**

HÄHNCHENBRUSTFILETS waschen und trockentupfen. Die Sojasauce mit dem Ahornsirup verrühren.
Den Ingwer und den Knoblauch schälen. Den Ingwer
fein reiben, den Knoblauch zerdrücken und hinzufügen. Die Marinade salzen und pfeffern. Das Fleisch darin wenden und 2 Std. ziehen lassen.

ERDNÜSSE nicht zu fein hacken, in einer trockenen
Pfanne goldbraun rösten und beiseite stellen. Die
Schalotten schälen und fein würfeln.

DAS Fleisch abtropfen lassen. Das Öl in einer beschichteten Pfanne erhitzen. Das Fleisch dazugeben
und bei mittlerer Hitze in 6 Min. auf beiden Seiten
goldbraun braten. Herausnehmen und warm stellen.

SCHALOTTEN in dem verbliebenen Bratfett glasig
dünsten. Die Erdnüsse bis auf 1 EL einstreuen. Die
Brühe und die Marinade angießen, aufkochen und
bei mittlerer Hitze 5 Min. köcheln lassen. Mit Sambal
Oelek, Zitronensaft, Salz und Pfeffer abschmecken.
Die Sauce beiseite stellen und den Joghurt unterrühren. Das Fleisch schräg in Scheiben schneiden.
In die Sauce geben, kurz er-
wärmen, aber nicht mehr
kochen lassen. Mit den übrigen Erdnüssen bestreut servieren. Dazu passen am besten Vollkornreis oder Na-
turreis mit Wildreis und frische Gurken- und Toma-
tenscheiben.

*Pro Person etwa: 46 g E/
25 g F/ 28 g KH/ 532 kcal*

# TIPP

**Statt im Ganzen können Sie das Hähnchen-
fleisch als Satéspieße servieren: Das Filet in
Würfel schneiden und auf Holzspieße reihen.
In einer flachen Schale mit der Marinade begießen. Im Backofen oder in einer Grillpfan-
ne braten. Die Erdnuss-Sauce extra dazu servieren.**

# LAMMFILET MIT MANGOLD-LINSEN

einfach, doch raffiniert

LINSEN mit der Brühe aufkochen und zugedeckt bei schwacher Hitze in 30 Min. bissfest garen. Mangold putzen, waschen und abtropfen lassen. Die Stiele von den Blättern schneiden. Die Blätter von den Strünken befreien. Die Stiele in Würfel, die Blätter in feine Streifen schneiden. Die Zwiebel schälen und fein hacken. Den Knoblauch schälen. Linsen abgießen und abtropfen lassen, die Brühe dabei auffangen (etwa 1/4 l).

2 TL Öl erhitzen, Zwiebeln und Mangoldstiele darin 3 Min. andünsten. Knoblauch durch die Presse drücken und dazugeben. Die Linsen untermischen und unter Rühren bei schwacher Hitze 1 Min. anbraten. Die Mangoldstreifen dazugeben und zugedeckt bei schwacher Hitze 2 Min. dünsten.

LAMMFILETS häuten. Das übrige Öl in einer Pfanne erhitzen, das Fleisch darin rundherum bei mittlerer Hitze in 3–4 Min. anbraten, salzen und pfeffern. Die Filets in Alufolie wickeln und warm stellen. Den Bratensatz mit der aufgefangenen Brühe und dem Tomatenmark loskochen, unter die Linsen rühren. Mit Salz und Pfeffer abschmecken und 2–3 Min. offen kochen lassen.

PETERSILIE abbrausen, trockenschütteln, die Blätter von den Stielen zupfen, hacken und über die Mangold-Linsen streuen. Mit den Lammfilets anrichten und servieren.

*Pro Person etwa: 42 g E/ 12 g F/ 39 g KH/ 430 kcal*

## INFO

**Hülsenfrüchte und Lamm liefern Eiweißpower pur, die Grundlage für kreative Ideen und Ausdauer. Wenn Sie noch klüger sind, geben Sie Mangold dazu. Denn der delikate Bruder des Spinats belebt das Gehirn und die Nerven, vertreibt Nervosität und Müdigkeit, hauptsächlich mit hohen Konzentrationen an Calcium, Eisen, Magnesium.**

### FÜR 2 PERSONEN

120 g Linsen
600 ml Hühnerbrühe
300 g Mangold
1 Zwiebel
1 Knoblauchzehe
4 TL Olivenöl
4–5 Lammfilets
(etwa 250 g)
Salz, schwarzer Pfeffer
2 TL Tomatenmark
1/2 Bund Petersilie
Alufolie

### ZUBEREITUNGSZEIT:
1 STD.

*EXOTISCHE VARIANTE:*
*250 g Lammschulter würfeln. Über Nacht in einer Marinade aus 3 EL Buttermilch, 1 EL Zitronensaft, 1 Knoblauchzehe und 1/2 TL gemahlenem Kreuzkümmel marinieren. Das Fleisch in 2 TL Öl anbraten. 1 gehackte Zwiebel andünsten. Mit 1/4 l Brühe, Marinade und 120 g Linsen 25 Min. schmoren. 400 g Ananas- und Tomatenwürfel untermischen.*

# PUTEN-PICCATA MIT SALBEISAUCE
### italienisch, würzig

**FÜR 2 PERSONEN**

400 g zarte Möhren
1 Schalotte
4 TL Olivenöl
175 ml Geflügelfond
250 g Putenbrustfilet
Salz, schwarzer Pfeffer
1 Zitrone
4–5 Salbeiblätter
6 große Basilikumblätter
2 EL Sahne
1 g Biobin (Reformhaus)
1 TL Ahornsirup

**ZUBEREITUNGSZEIT: 30 MIN.**

MÖHREN putzen, schälen und schräg in dünne Scheiben schneiden. Die Schalotte schälen und fein hacken. 2 TL Öl erhitzen. Die Schalotten darin bei schwacher Hitze glasig dünsten. Die Möhren dazugeben und 2–3 Min. anbraten. 5 EL Fond dazugeben, die Möhren zugedeckt bei schwacher Hitze 7 Min. dünsten.

PUTENBRUSTFILET in 1/2 cm dünne Scheiben oder feine Streifen schneiden. Das übrige Öl erhitzen und die Filetscheiben oder -streifen auf beiden Seiten je 1 Min. anbraten. Herausnehmen, salzen, pfeffern und beiseite stellen. Die Zitrone auspressen. Zitronensaft und den übrigen Fond hinzufügen, den Bratensatz unter Rühren loskochen und bei mittlerer Hitze 5 Min. kochen lassen.

SALBEI- und Basilikumblätter abreiben und in feine Streifen schneiden. Sahne und Biobin in die Sauce rühren und aufkochen lassen. Mit Salbei, Salz und Pfeffer würzen. Das Fleisch in der Sauce kurz erwärmen. Möhren mit Salz, Pfeffer und Ahornsirup abschmecken. Mit Basilikum bestreut zum Fleisch servieren. Dazu passen Vollkorn-Nudeln.

TIPP: Biobin ist ein pflanzliches Bindemittel aus Johannisbrotkernmehl und im Reformhaus erhältlich. Es ersetzt Mehl, Stärke oder Gelatine.

*Pro Person etwa: 33 g E/ 20 g F/ 7 g KH/ 343 kcal*

*FLEISCH-VARIANTEN:*
*Piccata, die mit Zitrone abgeschmeckten kleinen Schnitzel, schmecken mit Hähnchenbrustfilet, magerem Kalbfleisch, Rinderfilet und Lammfleisch aus Brust und Keule.*

# TATARBÄLLCHEN SÜSS-SAUER

## nach chinesischer Art, mild

### FÜR 2 PERSONEN

200 g Tatar
1 EL Weizenvollkornmehl
1 Eigelb
3 EL Sojasauce, Pfeffer
100 ml Aprikosensaft
4 TL brauner Rohrzucker
1 EL Bio-Tomatenmark
1–2 EL Essig, 2 TL Öl
1 grüne Paprikaschote
1 Möhre
1 Zwiebel
200 g Aprikosen

### ZUBEREITUNGSZEIT:
### 35 MIN.

TATAR mit dem Mehl, Eigelb und 1 EL Sojasauce vermischen. Mit Pfeffer abschmecken. Aus der Masse mit nassen Händen 16 kleine, walnussgroße Bällchen formen und beiseite stellen.

FÜR die Würzmischung den Aprikosensaft, 2 EL Wasser und die übrige Sojasauce verrühren. Den Zucker, das Tomatenmark und den Essig dazugeben und verquirlen. Das Öl in einer beschichteten Pfanne erhitzen. Die Tatarbällchen rundherum anbraten und bei mittlerer Hitze unter gelegentlichem Rühren weitere 10 Min. braten, bis sie gleichmäßig gebräunt sind.

INZWISCHEN die Paprika halbieren, von Stielansatz, Kernen und Trennwänden befreien, waschen und in 2 cm große Stücke schneiden. Möhre putzen, schälen und in streichholzlange Stifte schneiden. Die Zwiebel schälen und in schmale Spalten schneiden. Die Aprikosen waschen, entsteinen und achteln.

TATARBÄLLCHEN aus der Pfanne nehmen und beiseite stellen. Die Zwiebeln, Paprika und Möhren in dem verbliebenen Bratfett bei schwacher Hitze 5 Min. unter Rühren anbraten. Die Würzmischung verrühren, angießen und unter ständigem Rühren zum Kochen bringen. Die Tatarbällchen und die Aprikosenstücke in die Pfanne geben und bei schwacher Hitze 3–4 Min. garen. Dazu passt Vollkornreis.

*Pro Person etwa: 27 g E/ 9 g F/ 30 g KH/ 306 kcal*

*FRUCHTIGE VARIANTE: Außerhalb der Saison Aprikosen durch 200 g Zwetschgen oder 300 g Ananas ersetzen. Oder statt der frischen Früchte 75 g Dörraprikosen verwenden. Diese einweichen, abtropfen lassen und in Streifen schneiden.*

# RINDERFILET MIT RUCOLASAUCE

raffiniert, für Gäste

**FÜR 2 PERSONEN**

1 Möhre
3 Frühlingszwiebeln
150 g Sellerie
1 Zwiebel
1 l Hühnerbrühe
1 Lorbeerblatt
300 g Rinderfilet
60 g Rucola
2 Scheiben Vollkorntoast
1/2 Knoblauchzehe
1 EL geschälte, gehackte
Mandeln
1–2 EL Zitronensaft
2 TL Kapern
1 EL Olivenöl
Salz
schwarzer Pfeffer
Alufolie

**ZUBEREITUNGSZEIT:
45 MIN.**

MÖHRE putzen, schälen, in Stücke schneiden und der Länge nach vierteln. Die Frühlingszwiebeln waschen, putzen, längs halbieren und grob zerteilen. Den Sellerie schälen und in Scheiben schneiden. Die Zwiebel schälen und achteln.

HÜHNERBRÜHE mit den Zwiebelachteln und dem Lorbeerblatt zum Kochen bringen. Das Gemüse hinzufügen und zugedeckt 5 Min. kochen lassen. Das Filet dazugeben. Die Brühe ein Mal kurz aufwallen lassen, das Filet wenden und zugedeckt bei schwacher Hitze 20 Min. in der Brühe kochen lassen.

FÜR die Sauce den Rucola abbrausen, die harten Stiele entfernen, die Blätter grob hacken. Das Toastbrot entrinden und klein würfeln. Den Knoblauch schälen und hacken.

MANDELN, das Toastbrot und den Knoblauch mit dem Zitronensaft und 100 ml etwas abgekühlten Fleischsud im Mixer pürieren. Die Kapern, den Rucola und das Olivenöl dazugeben und ebenfalls fein pürieren. Das Püree salzen und pfeffern.

FILET aus dem Sud heben, in Alufolie wickeln und 5 Min. ruhen lassen. In Scheiben aufschneiden und mit dem Gemüse anrichten. Die Rucolasauce extra dazu reichen. Dazu passen Kartoffeln.

*Pro Person etwa: 37 g E/
22 g F/ 28 g KH/ 467 kcal*

## TIPP

**Für ein geselliges Essen bei Tisch Gemüse und Fleisch roh in Scheiben schneiden und auf einer Platte anrichten. Die Brühe aufkochen und im Fonduetopf auf ein Rechaud stellen. Gemüse und Fleisch in die leicht brodelnde Brühe geben, kurz ziehen lassen und mit Garsieben herausfischen.**

# KOKOS-RIND-FLEISCHTOPF

exotisch, mild-scharf

**FÜR 2 PERSONEN**

200 g Rinderfilet
1 dünne Stange Lauch
100 g Möhren
100 g Shiitakepilze
1 Zwiebel
2 TL Öl
2 TL Currypulver
400 ml Geflügelfond (Glas)
100 g ungesüßte Kokosmilch (Asienladen)
Salz
schwarzer Pfeffer
1–2 TL Zitronensaft

**ZUBEREITUNGSZEIT: 30 MIN.**

*ZUM VERFEINERN: Den Rindfleischtopf mit 1–2 EL trockenem Sherry (Fino) abschmecken. Eine Hand voll zarten Blattspinat waschen, harte Stiele entfernen und den Spinat grob hacken. Kurz vor dem Servieren untermischen.*

RINDERFILET 10–15 Min. im Tiefkühlfach anfrieren lassen, dann quer zur Faser in dünne Scheiben schneiden. Den Lauch waschen und putzen, nur die weißen und hellgrünen Teile schräg in dünne Scheiben schneiden. Die Möhren putzen, schälen und ebenfalls schräg in dünne Scheiben schneiden. Die Shiitakepilze abreiben, die Stiele entfernen und die Hüte in Scheiben schneiden. Die Zwiebel schälen und fein würfeln.

ÖL in einem Topf erhitzen, die Zwiebelwürfel darin bei schwacher Hitze glasig dünsten. Den Lauch, die Möhren und die Pilze dazugeben und unter Rühren bei mittlerer Hitze 3 Min. anbraten. Mit dem Curry bestäuben und kurz anschwitzen. Den Geflügelfond und die Kokosmilch angießen und das Gemüse bei mittlerer Hitze 5 Min. garen. Mit Salz, Pfeffer und Zitronensaft abschmecken.

FILETSCHEIBEN dazugeben und 2–3 Min. bei schwacher Hitze ziehen lassen. Mit Salz und Pfeffer abschmecken. Auf Tellern anrichten und servieren. Dazu passt Vollkorntoast.

*Pro Person etwa: 28 g E/ 10 g F/ 47 g KH/ 368 kcal*

# INFO

Kennen Sie das Kinderlied: Wer hat die Kokosnuss, wer hat die Kokosnuss geklaut? Unter Hunderten würden Sie den Räuber erkennen. Er lächelt und schwebt über allem. Denn ein Stück Kokosnuss deckt den Tagesbedarf an Selen. Selen, einer der wirkungsvollsten die Psyche stimulierenden Stoffe, die wir kennen. Kochen Sie deshalb mit Kokosmilch und essen Sie Kokosnüsse.

# REHFILET AUF THYMIAN-ÄPFELN

### fein, ganz einfach

REHFILET in 4 gleichmäßig dicke Scheiben schneiden und flach drücken. Das Öl in einer Pfanne stark erhitzen, das Fleisch darin bei mittlerer Hitze in 1–2 Min. auf beiden Seiten anbraten. Herausnehmen, mit Salz und Pfeffer würzen und beiseite stellen.

ÄPFEL rundherum spiralförmig abschälen, die Kerngehäuse mit einem Apfelausstecher entfernen. Die Äpfel quer in 1 cm dicke Scheiben schneiden. Die Apfelscheiben sofort mit dem Zitronensaft beträufeln.

BACKOFEN auf 180° vorheizen. Aus dem Pergamentpapier 2 Rechtecke von etwa 30 x 40 cm zuschneiden. Diese mit Öl bestreichen. Die Apfelringe leicht überlappend darauf legen. Thymian abbrausen, trockenschütteln, die Blättchen von den Stielen streifen und darüber streuen. Die Filetscheiben auf den Apfelringen verteilen. Die Breitseiten des Papiers über dem Fleisch zusammenschlagen. Die Schmalseiten mehrmals nach innen umknicken. Die Päckchen auf den Rost legen und im Backofen (2. Schiene, Umluft 160°) 12–15 Min. garen. Dazu passt frischer Salat und Kartoffelschnee.

*Pro Person etwa: 21 g E/ 8 g F/ 12 g KH/ 214 kcal*

### FÜR 2 PERSONEN

200 g Rehfilet
2 TL Öl
Salz
schwarzer Pfeffer aus der Mühle
2 kleine säuerliche Äpfel
2 EL Zitronensaft
8 Zweige Thymian
Pergamentpapier (aus dem Schreibwarenhandel)
Öl zum Einfetten

### ZUBEREITUNGSZEIT: 30 MIN.

*ZUM VERFEINERN:*
*3 Wacholderbeeren zerstoßen. Mit 1 fein gehackten Schalotte, 1 TL Thymianblättchen, 1 EL Olivenöl, 1 EL Zitronensaft, Salz und Pfeffer vermischen. Das Fleisch mit der Paste bestreichen und 2 Std. im Kühlschrank ziehen lassen.*

## INFO

Der Kreter lebt am längsten und hat ein geringeres Herzinfarkt- und Krebs-Risiko. Er isst viel Fisch, ab und an Geflügel und selten rotes Fleisch. Mit rotem Fleisch sollten auch Sie sparsam umgehen und es nur ab und zu genießen. Denn es enthält Arachidonsäure. Und diese fördert die Bildung von schlechten Eicosanoiden im Körper, die schnell alt machen und die Blutgefäße verstopfen.

# KALBSMEDAILLONS IN KAPERNSAUCE
### raffiniert, für sonntags

**FÜR 2 PERSONEN**

1 Kartoffel (etwa 120 g)
1/4 l Kalbsfond (Glas)
4 Kalbsmedaillons
(à etwa 80 g)
Salz
schwarzer Pfeffer
2 TL Öl
2 EL Sahne
4 TL kleine Kapern
abgeriebene Zitronen-
schale
1/2 Bund Schnittlauch

**ZUBEREITUNGSZEIT:
30 MIN.**

KARTOFFEL schälen, in Würfel schneiden, mit dem Kalbsfond zum Kochen bringen und zugedeckt bei mittlerer Hitze 15 Min. garen. Inzwischen die Kalbsmedaillons auf beiden Seiten mit Salz und Pfeffer einreiben. Das Öl in einer beschichteten Pfanne erhitzen. Die Medaillons hineingeben und bei mittlerer Hitze von jeder Seite 3–4 Min. braten. Die Medaillons herausnehmen und zugedeckt beiseite stellen.

KARTOFFELWÜRFEL samt dem Fond durch ein Sieb streichen. Das Kartoffelpüree in die Pfanne gießen, die Sahne und die Kapern dazugeben. Die Sauce unter Rühren ein Mal aufkochen lassen, mit Salz, Pfeffer und etwas Zitronenschale abschmecken.

SCHNITTLAUCH abbrausen, trockenschütteln und in feine Röllchen schneiden. Die Kalbsmedaillons mit der Kapernsauce auf vorgewärmten Tellern anrichten. Den Schnittlauch darüber streuen. Dazu passen gedünsteter Blattspinat und Vollkorn-Bandnudeln.

*Pro Person etwa: 36 g E/ 9 g F/ 15 g KH/ 290 kcal*

*KALTE VARIANTE:*

*400 ml Kalbsfond und 1/2 l Salzwasser mit 1 Schalotte, 1 Lorbeerblatt und 1 TL Pfefferkörnern aufkochen lassen. 300 g Kalbsmedaillons darin 15 Min. pochieren. Das Fleisch herausnehmen. 100 ml Sud, 2 EL Weißweinessig, 2 EL Olivenöl und 4 TL Kapern verrühren. Über das Fleisch gießen und mit Schnittlauch bestreuen.*

# GESCHNETZELTES MIT ZUCCHINI

**für sonntags**

### FÜR 2 PERSONEN

200 g Zucchini
100 g Egerlinge
100 g Schalotten
300 g Kalbsschulter
3 TL Öl
Salz
schwarzer Pfeffer
2 TL Paprikapulver,
edelsüß
200 ml Kalbsfond (Glas)
1 g Biobin (Reformhaus)
1 EL saure Sahne

### ZUBEREITUNGSZEIT:
### 35 MIN.

ZUCCHINI waschen, putzen und in 4 cm lange Streifen schneiden. Die Egerlinge putzen, abreiben und in nicht zu dünne Scheiben schneiden. Die Schalotten schälen und je nach Größe halbieren oder vierteln. Die Kalbsschulter waschen, trockentupfen und quer zur Faser in 1/2 cm dicke Streifen schneiden. IN einer großen Pfanne 2 TL Öl erhitzen. Die Fleischstreifen darin bei starker Hitze 1–2 Min. anbraten, herausnehmen, salzen, pfeffern und warm stellen. Das übrige Öl erhitzen. Die Schalotten darin bei mittlerer Hitze 3 Min. anbraten. Die Egerlinge und Zucchini hinzufügen und 5 Min. dünsten, bis die Flüssigkeit verdampft ist. Mit Salz und Pfeffer würzen. Das Paprikapulver darüber stäuben und kurz anschwitzen. Mit dem Kalbsfond ablöschen und bei starker Hitze 5 Min. einkochen lassen. Das Biobin einrühren und bei schwacher Hitze kochen, bis die Sauce cremig wird.
FLEISCHSTREIFEN samt -saft in die Sauce geben und erhitzen. Die Pfanne beiseite stellen. Die saure Sahne unter das Geschnetzelte rühren. Mit Salz und Pfeffer abschmecken. Als Beilage passen Vollkorn-Spätzle oder Rösti dazu.
*Pro Person etwa: 36 g E/ 12 g F/ 10 g KH/ 316 kcal*

*FLEISCH-VARIANTEN:
Auch andere helle Fleischsorten wie Puten- und Hähnchenbrustfilet oder mageres Kaninchenfleisch sind für dieses Rezept geeignet. Das Fleisch vorher am besten 45 Min. im Gefrierfach anfrieren lassen – es lässt sich dann leichter schneiden.*

# Forever-Young-Desserts

VON den vier Geschmackssinnen sauer, bitter, salzig und süß verheißt uns der süße die stärksten paradiesischen Genüsse. Er schickt unsere Seele in das Land, wo Milch und Honig fließen. Von Geburt an mögen wir es süß. Träufelt man einem Baby einen süßen Tropfen auf die Zunge, lächelt es. Bei einem salzigen, verzieht es das Gesicht. Unsere Gene fordern etwas Süßes. Süß bedeutete für unsere Ahnen: Die Frucht ist reif, das Lebensmittel ist nicht verdorben. Süß, das war einmal wertvoll. Im Mittelalter, als der Zucker in die europäischen Adelshäuser einzog, kostete ein Kilogramm soviel wie eine Ritterrüstung. Und so viel sollte er uns auch heute wieder wert sein. Werten Sie Süßes gedanklich mit Gold auf – und dann genießen Sie die Kostbarkeit. Süß ist das Leben, die Liebe und der Schokopudding. Kein Wunder, dass uns Süßes zu trösten vermag – nicht nur über die Geschmackspapillen auf der Zunge, sondern auch über den Tanz der Hormone. Süßes am Abend lockt Botenstoffe im Gehirn, die herrlich ruhig, ausgeglichen und später auch müde machen. Probieren Sie es aus – vielleicht mit dem Heidelbeer-Sorbet (Seite 158) oder den Timbales auf Fruchtpüree (Seite 161).

# FRUCHTSPIESSE MIT LIMETTENSAUCE

*einfach, doch raffiniert*

**FÜR 2 PERSONEN**

1 große Kiwi

8 große grüne Wein-
trauben

2 Limetten

1/2 grüner Apfel
(Granny Smith)

2 EL brauner Rohrzucker
(Reformhaus)

2 Zweige Zitronenmelisse

Holzspieße

**ZUBEREITUNGSZEIT:
25 MIN.**

KIWI schälen, längs halbieren und in etwa 1 cm dicke Scheiben schneiden. Die Trauben waschen, halbieren und entkernen. Von 1 Limette die Schale mit einem Zestenschneider in feinen Streifen abziehen. Den Saft der Limetten auspressen. Den Apfel waschen, entkernen, in Spalten schneiden und sofort mit 1 EL Limettensaft beträufeln. Die Früchte abwechselnd auf Spieße stecken und auf Tellern anrichten.

ÜBRIGEN Limettensaft mit dem Zucker erhitzen, bis sich die Kristalle gelöst haben. Die Limettenschale dazugeben und bei schwacher Hitze 3 Min. kochen. Die Limettensauce abkühlen lassen und über die Fruchtspieße träufeln. Mit Zitronenmelisse garnieren.

*Pro Person etwa: 1 g E/ 1 g F/ 36 g KH/ 143 kcal*

# AVOCADOCREME MIT STACHELBEERPÜREE

*schnell, für Gäste*

AVOCADO halbieren, entsteinen und das Fruchtfleisch aus der Schale lösen. Sofort mit dem Zitronensaft beträufeln, und mit der Frutilose abschmecken.

SAHNE steif schlagen. Sahne und Joghurt unter das Avocadopüree heben. Die Creme 30 Min. kalt stellen.

STACHELBEEREN waschen, putzen, pürieren, passieren, mit dem Zucker, dem Biobin und der Zitronenmelisse verrühren. Das Avocadopüree mit einem Spritzbeutel direkt in Dessertgläser spritzen und mit Stachelbeerpüree begießen. Eventuell mit Zitronenmelisse garnieren.

*Pro Person etwa: 4 g E/ 28 g F/ 20 g KH/ 360 kcal*

**FÜR 2 PERSONEN**

1 reife Avocado

2 EL Zitronensaft

1 EL Frutilose (Obstsüße)

30 g Sahne

50 g Joghurt (0,3 % Fett)

125 g Stachelbeeren

1 EL brauner Rohrzucker
(Reformhaus)

1 g Biobin (Reformhaus)

2 TL gehackte Zitronen-
melisse

**ZUBEREITUNGSZEIT:
20 MIN.**

**KÜHLZEIT: 30 MIN.**

# MELONENSALAT MIT MINZE-ZABAIONE

leicht und erfrischend

MELONEN halbieren, entkernen und das Fruchtfleisch mit einem Kugelausstecher aus den Schalen lösen. Vom übrigen Melonenfleisch 50 g mit dem Messer ablösen, klein schneiden und pürieren.

LIMETTE heiß waschen, abtrocknen, die Schale fein abreiben und den Saft auspressen. Schale und Saft mit dem Honig unter das Melonenpüree mischen. Die Pistazien hacken, mit den Melonenkugeln in der Sauce wenden und zugedeckt 2 Std. in den Kühlschrank stellen.

MINZEBLÄTTER vor dem Servieren von den Stielen zupfen und bis auf einige Blätter fein hacken. Eigelb und Zucker in einer Wasserbadschüssel mit den Quirlen des Handrührgerätes cremig rühren. In ein heißes, aber nicht kochendes Wasserbad setzen. Den Wein nach und nach dazugießen und die Masse schaumig aufschlagen. Die gehackten Minzeblätter unterheben.

MELONENSALAT auf Dessertschalen verteilen, mit dem Minzeschaum überziehen und mit den übrigen Minzeblättern garnieren.

*Pro Person etwa: 5 g E/ 5 g F/ 34 g KH/ 208 kcal*

## FÜR 2 PERSONEN

500 g Galiamelone
500 g Ogen- oder Honigmelone
1 kleine Limette
2 TL Akazienhonig
1 EL Pistazienkerne
3 Zweige Minze
1 Eigelb
1 EL brauner Rohrzucker (Reformhaus)
4 EL Weißwein

ZUBEREITUNGSZEIT:
30 MIN.
KÜHLZEIT:
2 STD.

*NOCH RAFFINIERTER:*
*Jeweils 250 g Ogen-, Netz-, Honig- und Wassermelonenkugeln mischen und 1–2 EL Campari unter das Melonenpüree ziehen.*

## TIPP

**Grün ist die Farbe der Jugend und des ewigen Lebens. Grün ist die Farbe der Hoffnung und der Fruchtbarkeit. Genießen Sie grüne Früchte aus dem Garten Eden: Melonen, Kiwi, Pistazien, Minze und Weintrauben. Denn Grünes beschert Ihnen viel vom Energiestoff Chlorophyll.**

# GEFÜLLTER PFANNKUCHEN MIT ANANASSALAT

### raffiniert, doch einfach

**FÜR 2 PERSONEN**

1/8 l Milch (1,5 % Fett)

1 EL Magerquark

1 Ei

35 g Weizenvollkornmehl
(Type 550)

Salz

2 EL brauner Rohrzucker
(Reformhaus)

1/2 Vanilleschote

250 g Ananas

150 g Mango ohne Stein

1/2 unbehandelte Zitrone

etwas gemahlene Nelken

5 g Butter

**ZUBEREITUNGSZEIT:
45 MIN.**

**RUHEZEIT: 30 MIN.**

MILCH mit dem Quark, dem Ei, dem Mehl, 1 Prise Salz und 1 EL Zucker verrühren. Die Vanilleschote längs aufschlitzen, das Mark herauskratzen und untermischen. Den Teig 30 Min. quellen lassen.

INZWISCHEN die Ananas schälen und von dem harten Mittelstrunk befreien. Das Fruchtfleisch in kleine Würfel schneiden. Die Mango schälen, das Fleisch in Scheiben schneiden und ebenfalls würfeln.

ZITRONE heiß waschen, abtrocknen, die Schale abreiben und den Saft auspressen. Zitronenschale und -saft mit dem übrigen Zucker verquirlen und mit Nelkenpulver würzen. Die Früchte in der Sauce vorsichtig wenden und im Kühlschrank 30 Min. ziehen lassen. Den Backofen auf 60° vorheizen.

BUTTER in einer beschichteten Pfanne von 20 cm Durchmesser erhitzen. Eine kleine Schöpfkelle voll Teig hineingeben und dünn verlaufen lassen. Den Pfannkuchen bei mittlerer Hitze 3 Min. braten, wenden und von der anderen Seite 2–3 Min. backen. Im Backofen warm stellen. Aus dem übrigen Teig nacheinander 3 Pfannkuchen backen.

ANANASSALAT auf die einzelnen Pfannkuchen verteilen. Jeden Pfannkuchen zur Hälfte umklappen und auf vorgewärmten Tellern anrichten.

*Pro Person etwa: 8 g E/ 7 g F/ 49 g KH/ 290 kcal*

## TIPP

**Den Ananassalat mit Mango pürieren. Die Pfannkuchen mit einer Mischung aus 250 g gut abgetropftem Magerquark, 1 EL Ahornsirup, etwas Zitronenschale und 4 EL geschlagener Sahne bestreichen und aufrollen. Mit dem Ananas-Mangopüree servieren.**

# HIMBEER-RICOTTA-EIS

gut vorzubereiten, für Gäste

**FÜR 2 PERSONEN**

200 g Himbeeren
50 g brauner Rohrzucker (Reformhaus)
2 EL Himbeersaft (Reformhaus)
1 EL Zitronensaft
75 g ungesalzener Ricotta (oder Speisequark)
40 g Sahne

**ZUBEREITUNGSZEIT: 20 MIN.**
**GEFRIERZEIT: 3 1/2 STD.**

HIMBEEREN abbrausen, verlesen und abtropfen lassen. 175 g Himbeeren mit dem Zucker und dem Himbeersaft fein pürieren, das Püree durch ein feines Sieb streichen. Die übrigen Himbeeren beiseite stellen.

HIMBEERPÜREE mit dem Zitronensaft und dem Ricotta oder dem Quark cremig rühren. Die Sahne steif schlagen und mit dem Schneebesen unterziehen. Diese Masse in eine kleine kalt ausgespülte Metallschüssel füllen und 30 Min. ins Gefrierfach stellen. Gut durchrühren und weitere 3 Std. gefrieren lassen, dabei öfters durchmischen. Vor dem Servieren das Eis mit einem Eisportionierer in Kugeln abstechen, anrichten und mit den übrigen Himbeeren garnieren.

*Pro Person etwa: 6 g E/ 10 g F/ 32 g KH/ 265 kcal*

# HEIDELBEER-SORBET

kalorienarm, erfrischend

ROHRZUCKER und 50 ml Wasser zu einem dickflüssigen Sirup kochen. Den Sirup beseite stellen, abkühlen lassen.

HEIDELBEEREN waschen, verlesen und bis auf einige Früchte pürieren. Das Püree durch ein Sieb passieren. Den Zitronensaft und den Sirup langsam einlaufen lassen.

EIWEISS halb steif schlagen und unter das Heidelbeerpüree heben. In einer Metallschüssel 3 Std. ins Gefrierfach stellen, dabei alle 30 Min. mit dem Schneebesen kräftig durchschlagen.

VOM Sorbet mit einem Löffel Nocken abstechen, mit Heidelbeeren garnieren.

*Pro Person etwa: 3 g EW/ 1 g F/ 19 g KH/ 101 kcal*

**FÜR 2 PERSONEN**

1 EL brauner Rohrzucker (Reformhaus)
300 g Heidelbeeren
2 EL Zitronensaft
1 kleines Eiweiß

**ZUBEREITUNGSZEIT: 20 MIN.**
**GEFRIERZEIT: 3 STD.**

*FRUCHT-VARIANTEN: Heidelbeeren durch Erdbeeren, Himbeeren oder Kiwis ersetzen.*

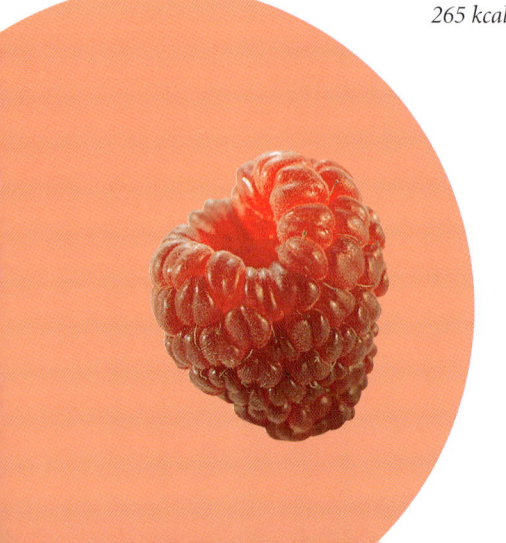

# ROTE GRÜTZE

schnell, beliebt

BEEREN kurz abbrausen, verlesen, putzen oder von den Rispen streifen und abtropfen lassen. Erdbeeren halbieren oder vierteln, die restlichen Beeren ganz lassen.

IN einem Topf 1/4 l Kirschsaft mit 2 EL Frutilose, Zimtstange und Nelke aufkochen und bei schwacher Hitze 5 Min. kochen lassen. Den Zitronensaft und 3 g Biobin in den Sud rühren und 2–3 Min. kochen lassen, bis der Saft gebunden ist.

FRUCHTMASSE beiseite stellen, die Beeren hineingeben und vorsichtig umrühren. Die Grütze erst etwas abkühlen lassen und 2 Std. in den Kühlschrank stellen.

FÜR die Sauce den übrigen Sauerkirschsaft aufkochen lassen. Die Vanilleschote längs aufschlitzen und das Mark herauskratzen. Das Mark samt Schote und die restliche Frutilose zum Saft geben und bei starker Hitze 10 Min. einkochen lassen. Die Vanilleschote herausnehmen. Das übrige Biobin und die Sahne einrühren und bei schwacher Hitze kochen, bis die Sauce gebunden ist. Die Vanille-Kirsch-Sauce abkühlen lassen und extra zu der Grütze servieren.
*Pro Person etwa: 4 g E/ 8 g F/ 52 g KH/ 315 kcal*

## FÜR 2 PERSONEN

250 g gemischte Beeren (Erdbeeren, Himbeeren, Johannisbeeren, Heidelbeeren)
1/2 l Sauerkirschsaft (Reformhaus)
2 1/2 EL Frutilose (Obstsüße)
1/2 Zimtstange
1 Gewürznelke
1 EL Zitronensaft
3 1/2 g Biobin (Reformhaus)
1/2 Vanilleschote
2 EL Sahne

ZUBEREITUNGSZEIT: 30 MIN.
KÜHLZEIT: 2 STD.

*NOCH RAFFINIERTER: Stracciatellasauce: 1/8 l Milch (1,5 % Fett) mit 2 TL Frutilose und 1/4 Vanilleschote aufkochen. Mit 1 g Biobin binden und abkühlen lassen. 20 g Bitterschokolade (mindestens 70 % Kakaoanteil) hacken und unterrühren.*

## TIPP

Die meisten Beeren sind rot, und weil Rot die Farbe der Lebensfreude ist, gibt es keinen schöneren Grund als einen schönen Tag mit Rot abzuschließen. Mit der purpurroten Grütze servieren Sie auch Gesundheit. Denn Beeren sind die süßesten kleinen Medizinbällchen der Natur.

## FEIGEN AUF MANDELSCHAUM

fix und fein

**FÜR 2 PERSONEN**

4–5 blaue Feigen
(etwa 250 g)
1 EL Zitronensaft
100 g Dickmilch
(3,5 % Fett)
1 EL Mandelmus (Reform-
haus)
3 TL Akazienhonig
1/2 Vanilleschote
2 TL Portwein
1 kleines Eiweiß
6 Minzeblätter

**ZUBEREITUNGSZEIT:
20 MIN.**

FEIGEN kurz waschen, trockentupfen, halbieren, vierteln oder längs in Scheiben schneiden. Mit dem Zitronensaft beträufeln und kalt stellen.

DICKMILCH mit dem Mandelmus und 2 TL Honig in eine Schüssel geben. Die Vanilleschote längs aufschlitzen, das Mark herauskratzen und dazugeben. Alles glatt verrühren. Den Portwein untermischen. Das Eiweiß mit dem übrigen Honig steif schlagen und locker unterziehen.

Mandelschaum auf zwei Dessertteller verteilen und die Feigen darauf dekorativ anrichten. Die Minzeblätter abreiben und das Dessert damit garnieren.

*Pro Person etwa: 6 g E/ 8 g F/ 30 g KH/ 230 kcal*

## WEIN-ÄPFEL MIT ROSINENQUARK

raffiniert, einfach

ROSINEN in dem Holunderbeersaft einweichen. Die Zitrone waschen, ein Stück Schale abschneiden und den Rest abreiben, den Saft auspressen. Die Äpfel schälen, vom Kerngehäuse befreien, quer in Scheiben schneiden und sofort in 2 EL Zitronensaft legen.

WEIN mit dem Stück Zitronenschale und 2 TL Honig aufkochen, die Apfelringe darin bei mittlerer Hitze 3 Min. pochieren, herausheben und abtropfen lassen. Den Quark mit den Rosinen samt Saft, dem übrigen Honig und Zitronenschale verrühren. Die Apfelringe mit dem Rosinenquark anrichten.

*Pro Person etwa: 11 g E/ 1 g F/ 36 g KH/ 230 kcal*

**FÜR 2 PERSONEN**

2 EL Rosinen
2 EL Holunderbeersaft
(Reformhaus)
1/2 unbehandelte Zitrone
2 säuerliche Äpfel (Boskop; etwa 250 g)
6 EL Weißwein
3 TL Honig
150 g Quarkzubereitung
(0,2 % Fett)

**ZUBEREITUNGSZEIT:
20 MIN.**

# TIMBALES AUF FRUCHTPÜREE

leicht, erfrischend

SAHNE und 50 ml Buttermilch mit dem Agar-Agar verrühren, aufkochen und bei schwacher Hitze 2 Min. unter Rühren kochen lassen. Übrige Buttermilch mit dem Orangensaft und Honig verquirlen. Die heiße, aber nicht mehr kochende Mischung unterrühren.
BUTTERMILCH-MISCHUNG in 2 kalt ausgespülte Portionsförmchen gießen und im Kühlschrank 2 Std. gelieren lassen.
HIMBEEREN vor dem Servieren kurz abbrausen, verlesen und abtropfen lassen. Mit 1 TL Fruchtzucker glatt pürieren. Das Himbeerpüree durch ein feines Sieb streichen, damit die Kernchen zurückbleiben. Die Kiwi schälen, klein schneiden, mit dem übrigen Zucker pürieren und ebenfalls passieren.
HIMBEER- und Kiwipüree nebeneinander auf Dessertteller gießen, mit einem Stäbchen ineinander ziehen, sodass ein dekoratives Muster entsteht. Die Buttermilch-Timbales stürzen und auf dem Fruchtpüree anrichten.
*Pro Person etwa: 5 g E/ 9 g F/ 30 g KH/ 221 kcal*

## FÜR 2 PERSONEN

50 g Sahne
200 ml Buttermilch
1/2 TL Agar-Agar
(etwa 2,5 g; Reformhaus)
2 EL Orangensaft
2 TL Akazienhonig
125 g Himbeeren
2 TL Fruchtzucker
1 große Kiwl

ZUBEREITUNGSZEIT:
30 MIN.
GELIERZEIT:
2 STD.

*NOCH RAFFINIERTER:*
*1 EL Mandelmus aus dem Reformhaus vor dem Gelieren unter die Buttermilch-Mischung rühren.*

# TIPP

Japanische Forscher fanden in der Feige den Wirkstoff Benzaldehyd. Seit Tausenden von Jahren genesen Menschen mit der Kraft der Feigen. Die wahrhaft durchschlagende Wirkung bei Verstopfung ist längst kein Geheimnis mehr, auch der Wirkstoff nicht: Ficine, Enzyme der Feige, die munter bei der Verdauung helfen.

## INFO

Sie haben Figur-Probleme und Lust auf Schokolade? Dann wählen Sie Schokolade mit mehr als 60 Prozent Kakaoanteil. Bitterschokolade hat einen niedrigen glykämischen Index, belastet den Blutzucker kaum, lockt nicht das Dickmacher-Hormon Insulin. Sie verwöhnt mit dem herrlichen Aroma.

# ERDBEER-CARPACCIO MIT NEKTARINE

raffiniert, für Gäste

**FÜR 2 PERSONEN**

1 EL Pinienkerne
1/2 unbehandelte Orange
2 TL Akazienhonig
1/2 g Biobin (Reformhaus)
350 g große Erdbeeren
2 kleine Nektarinen
6 kleine Minzeblätter
30 g Bitterschokolade (mindestens 70 % Kakaoanteil)
100 g Joghurt (3,5 % Fett)

**ZUBEREITUNGSZEIT: 30 MIN.**

PINIENKERNE in einer trockenen Pfanne bei mittlerer Hitze unter ständigem Rühren goldbraun rösten, aus der Pfanne nehmen und beiseite stellen.

ORANGE heiß waschen und abtrocknen. Von der Schale mit einem Zestenschneider einige feine Streifen abziehen. Den Orangensaft auspressen. Den Honig, das Biobin und die Orangenschalenstreifen unterrühren. Die Orangensauce 10 Min. stehen lassen, bis sie leicht gebunden ist.

ERDBEEREN kurz waschen, putzen und abtropfen lassen. Die Erdbeeren längs in dünne Scheiben schneiden. Die Nektarinen waschen, halbieren und entsteinen. Die Hälften in dünne Scheiben schneiden.

ZWEI große Teller mit etwas Orangensauce einstreichen. Die Erdbeer- und Nektarinenscheiben darauf dachziegelartig anordnen. Die übrige Orangensauce darüber träufeln. Mit den Minzeblättern und den Pinienkernen bestreuen.

SCHOKOLADE fein hacken, mit dem Joghurt vermischen. Jeweils 1 Klecks auf das Carpaccio geben.

TIPP: Wer keinen Zestenschneider hat, schneidet etwas Schale in sehr dünne Streifen.

*Pro Person etwa: 5 g E/ 9 g F/ 36 g KH/ 244 kcal*

*EXOTISCHE VARIANTE: 300 g Ananas und 1/2 Papaya putzen, schälen, in dünne Scheiben schneiden und dachziegelartig anrichten. Saft und abgeriebene Schale von 1 unbehandelten Zitrone mit etwas geriebenem Ingwer und 1 EL Fruchtzucker einkochen. Den abgekühlten Sirup über die Früchte träufeln. Mit 1 EL gerösteten Kokosraspeln bestreuen.*

# APRIKOSEN-BROMBEER-GRATIN

fein, duftend

**FÜR 2 PERSONEN**

300 g Aprikosen
100 g Brombeeren
2 TL Ahornsirup
1 Ei
1 EL Fruchtzucker
50 g Magerquark
Zimt
1 TL Zitronensaft
1 EL Mandelblättchen

**ZUBEREITUNGSZEIT:**
**20 MIN.**
**BACKZEIT: 8 MIN.**

APRIKOSEN waschen und je nach Größe vierteln oder achteln, dabei den Stein entfernen. Die Brombeeren kurz waschen, verlesen und abtropfen lassen. Den Backofen auf 250° vorheizen.

APRIKOSENSPALTEN in eine kleine Gratinform geben, die Brombeeren darauf verteilen und mit dem Ahornsirup beträufeln. Das Ei in Eigelb und Eiweiß trennen. Das Eigelb mit dem Fruchtzucker schaumig schlagen. Den Quark unter die Eigelbmasse mischen und mit 1 Prise Zimt würzen.

EIWEISS mit dem Zitronensaft sehr steif schlagen. Den Eischnee und unter die Quarkmasse heben. Diese Masse auf den Früchten verteilen und mit den Mandelblättchen bestreuen. Das Gratin im Backofen (Mitte, Umluft 225°) 8–10 Min. goldbraun überbacken und sofort servieren.

TIPP: Wer mag, kann die Aprikosen vor dem Backen mit kochend heißem Wasser übergießen und 1–2 Min. ziehen lassen. Dann die Aprikosen herausnehmen, kalt abschrecken und die Haut abziehen.

*Pro Person etwa: 10 g E/ 6 g F/ 31 g KH/ 224 kcal*

BAISER-VARIANTE:
*2 Eiweiße mit 1 TL Zitronensaft sehr steif schlagen, dabei nach und nach 1 EL Fruchtzucker einrieseln lassen. 2 EL fein geriebene Mandeln unterheben und die Masse auf die Früchte streichen. Im Backofen (Mitte, Umluft 200°) bei 225° in 5–8 Min. goldbraun backen.*

# Sachregister

# Rezeptregister

# forever young
## das Erfolgsprogramm von Dr. Strunz

ISBN 3-7742-4001-9
*128 Seiten*

ISBN 3-7742-4830-3
*160 Seiten*
*mit Lauftagebuch und CD*

ISBN 3-7742-2025-5
*168 Seiten*

ISBN 3-7742-1904-4
*64 Seiten*

ISBN 3-7742-1736-X
*192 Seiten*
*mit Lauftagebuch*

*Starten Sie ab heute in Ihr neues Leben. Mit dem sensationellen Erfolgsprogramm von Dr. Strunz: Laufen Sie sich jung! Essen Sie sich jung! Denken Sie sich jung!*

Gutgemacht. Gutgelaunt.

# Impressum

© 2000 Gräfe und Unzer Verlag GmbH München.

**Redaktion:**
Maryna Zimdars, München;
Anne Lenk
**Titelgestaltung:**
independent Media Design,
Claudia Fillmann
**Innenlayout und Gestaltung:**
Henning Bornemann
**Herstellung:**
Markus Plötz
**Satz:** Johannes Kojer
**Repro:** w & co., München
**Druck und Bindung:**
Appl, Wemding

ISBN 3-7742-2025-5

**Auflage:** 4.   3.   2.
**Jahr:**  2003  02  01  00

## Abkürzungen:

TL = Teelöffel
EL = Esslöffel
Msp. = Messerspitze
ml = Milliliter
E = Eiweiß
F = Fett
KH = Kohlenhydrate
kcal = Kilokalorien

Die Temperaturen bei Gasherden variieren von Hersteller zu Hersteller. Welche Stufe Ihres Herdes der jeweils angegebenen Temperatur entspricht, entnehmen Sie bitte der Gebrauchsanweisung.

## Dank

Der Autor bedankt sich ganz herzlich bei Marion Grillparzer, die ihm erneut geholfen hat, sein Wissen zu Papier zu bringen.

Martina Kittler machte nach dem Ökotrophologie- und Sportstudium ihre Leidenschaft Kochen zum Beruf. Fast acht Jahre lang arbeitete sie in der Redaktion der größten deutschen Kochzeitschrift. Seit 1991 schreibt sie freiberuflich Bücher und Artikel für Zeitschriften. Ihre Schwerpunkte: moderne und gesunde Ernährung, sowie schnelle und unkomplizierte Rezepte für jeden Tag.

## Die Fotografen

Barbara Lutterbeck zählt zu den Top Ten der deutschen Foodfotografen. Nach dem Studium der Fotografie hat sie erste Erfahrungen in Londoner Studios gesammelt. Seit einigen Jahren ist sie selbständig und arbeitet in ihrem Fotostudio in Köln für internationale Auftraggeber aus Industrie und Verlagen. In der letzten Zeit hat sie sich auf Kochbücher konzentriert. Das Foodstyling für die Rezeptbilder dieses Buches machte Stephan Bollig. Nach zahlreichen Auslandsaufenthalten in führenden Hotels war der Konditormeister aus Köln Chefpatissier im Hyatt Regency Köln. Zurzeit arbeitet er als freier Deko-Artist.

Bildnachweis: FoodPhotography Eising: Vignetten S. 2, 9, 12, 14, 18, 19, 21, 22, 25, 26, 30, 34, 38, 44, 50, 54, 58, 66, 72, 75, 78, 81, 84, 94, 96, 108, 115, 116, 123, 124, 129, 130, 141, 146, 149, 152, 154, 156, 158, 160, 163; Dr. Ulrich Strunz: hintere Umschlagseite, S. 6; Alle weiteren: Barbara Lutterbeck